从"云集"到"会稽山"

From Yunjijiu
Workshop to
Kuaijishan Winery

杨国军 著

上海文化出版社

图书在版编目（CIP）数据

从"云集"到"会稽山" / 杨国军著 . —上海：上海文化出版社，2023.10
ISBN 978-7-5535-2837-3

Ⅰ . ①从… Ⅱ . ①杨… Ⅲ . ①黄酒—酿酒工业—工业史—绍兴 Ⅳ . ① F426.82

中国国家版本馆 CIP 数据核字（2023）第 188543 号

出 版 人　姜逸青
责任编辑　吴志刚
　　　　　王茹筠
特约编辑　长　岛
封面设计　马海云

书　　名：从"云集"到"会稽山"
著　　者：杨国军
出　　版：上海世纪出版集团　上海文化出版社
地　　址：上海市闵行区号景路 159 弄 A 座 3 楼　201101
发　　行：上海文艺出版社发行中心
　　　　　上海市闵行区号景路 159 弄 A 座 2 楼　201101　www.ewen.co
印　　刷：苏州市越洋印刷有限公司
开　　本：787×1092　1/16
印　　张：16.25
版　　次：2023 年 10 月第一版　2023 年 10 月第一次印刷
书　　号：ISBN 978-7-5535-2837-3 / TS.093
定　　价：58.00 元
告 读 者：如发现本书有质量问题请与印刷厂质量科联系 Tel：0512-68180638

序 一

宋书玉

镜上一湖酒，林间三味书。

绍兴酣国宴，酝酿在谁庐？

酒中有诗，诗中有人，人醉绍兴，翰逸神飞。绍兴酒，是九千年中华酿酒史的一个结晶，是中华美酒、中华酒文化的一个代名词。当今的绍兴产区，是中国黄酒的产业集聚中心、产品研发中心、酿酒大师培养中心、文化交流中心和酒旅融合示范中心。

会稽山酒，是中国黄酒绍兴产区发展史的一个缩影。

280 年前的绍兴，越酒行天下，酒坊遍城乡。一个名叫"云集"的绍兴酒坊悄然诞生，历经家族传承、公私合营、国营、港资参股、国营控股、民营控股多种体制机制变革，几乎经历了所有中华老字号走过的体制变革之路，成为中国酒业资本运营的一个样本，与时俱进的一个典型。

会稽山酒，是中国黄酒工艺技术传承创新的一个代表。

传统的更传统，现代的更现代。在传承创新的过程中，会稽山酒实现了从原料预处理、浸米、放浆、湿米输送、蒸饭、制曲、米饭（曲）输送、发酵、醪液输送、压榨、澄清、勾兑、煎酒、灌坛等全过程的自动化、信息化、智能化生产控制，以机器换人工，在"现代的更现代"方面，为中国黄酒产业树立了一个样板。

会稽山酒，是中国黄酒活态文化"双创"的一个范例。

会稽山酒作为绍兴酒文化的一个卓越代表，一直着力于绍兴传统酒文化的创造性转化、创新性发展，在企业文化、酒文化研究、品牌文化、产品文化、文化IP打造、文化营销、酒旅融合等文化建设方面都取得了可圈可点的成绩，成为中国黄酒文化建设的一个重镇。

杨国军同志是中国酒业协会首批优秀文化遗产工作者。他既是黄酒国家级评委、正高级工程师，又是国家级非物质文化遗产代表作《绍兴黄酒酿制技艺》项目申报材料的起草者，既懂技术，又懂文化，专注黄酒事业34年，甚是难得。本书可以说是他几十年间关注、收集、整理黄酒史料的一个集大成之作。虽然我们提倡绍兴产区的整体发展，"酝酿在谁庐"的拷问还不能下结论、下定论，但杨国军同志孜孜以求、兢兢业业的精神殊为可嘉。

以文兴业、以文强企、以文立酒、以文化人，是中国酒业新文化的使命，也是绍兴产区的必由之路。我们期待绍兴产区集聚更大的力量向文化发力，吸引更多的人才为文化赋能，开发更丰富的传播方式与消费者沟通，汇集正能量，建立新思维，让文化成为国内外消费者重新认识绍兴酒、更加钟情绍兴酒的桥梁，推动绍兴酒早日走上复兴之路！

是为序。

2023年9月14日于北京

（作者系中国酒业协会理事长）

序 二

杨建新

    我饶有兴趣地翻阅杨国军先生的这本《从"云集"到"会稽山"》，会稽山绍兴酒股份有限公司 280 年风雨兼程、创新发展的前世今生，如同画卷般在我面前徐徐展开。读完全书，不由得想对作者道一声感谢。感谢他用严谨的访谈和考证，追述了中国一家著名的酿酒企业跨越将近三个世纪的风云历史，更要感谢他以详尽细腻的文字，为绍兴黄酒这个国家级非物质文化遗产项目树碑立传。

    人类和酒的历史可谓源远流长。在中华民族流传千古的历史传说和成语典故中，就有很多是与酒有关的。考古发现证明，早在新石器时代的早期，距今至少在 7000—8000 年前，我们的先人们就已经开始酿酒。至商周时期，酿酒业已十分发达。而黄酒，作为世界上最古老的酒种，则称得上是酒类中的奇葩。

    黄酒起源于中国，且仅为中国所有，其历史至少可追溯到春秋战国时期。千百年来，黄酒的生产制作代代相传，不断流播，其分布地区已遍及中国大部分省市，且出名的品种也不下一二十个。然而，就业界公认度和国内外市场接受度最高的，还是数绍兴黄酒。多年来，绍兴黄酒不仅是浙江省的传统经典产业，同时也是绍兴乃至浙江的一张文化名片。这是每一个浙江人可以引以为傲的。

绍兴黄酒出自绍兴，并不是偶然的。天时地利人和，缺一不可。天时，既是指国家政策，也是指绍兴的气候条件和稻麦等物产；地利，则是有独一无二的鉴湖水；人和，离不开代代绍兴酿酒人的勤劳奋斗。云集酒坊的诞生，以至它200多年的延续，正是天时地利人和的产物。而云集酒坊的历史变迁，也犹如是绍兴黄酒发展的缩影。国军先生的这本书让人们看到的，不仅是绍兴的物华天宝，更有绍兴人的聪慧能干。须知一个历百年而不衰的企业，其背后一定有其特殊的文化支撑。280年来，从云集酒坊到云集酒厂，从东风酒厂到东风绍兴酒公司，再到会稽山绍兴酒股份有限公司，一代又一代的酿酒人筚路蓝缕，艰苦创业，栉风沐雨，砥砺前行，把一个简陋的黄酒作坊，打造成一个现代化的上市公司，让绍兴黄酒誉满天下，飘香五洲。在他们身上所表现出来的吃苦耐劳、勇敢智慧、不畏艰辛、矢志奋进的品行，不仅是酿酒"匠人"们的精神写照，更是中华民族精神的生动体现。

特别值得一提的是，在漫长的绍兴酒的制作过程中，一代代的酿酒人通过长期的实践，摸索出了绍兴黄酒酿制生产的一整套独特技艺。除了上等精白糯米、优质黄皮小麦和鉴湖水等原料之外，还必须用特殊的酒药麦曲，通过浸米、蒸饭、淋饭、投料、发酵、压榨、澄清等数十道工序，方能生产出优质的绍兴黄酒。其中有许多工艺环节和原材料，都是绍兴黄酒所特有的。历经了千百年岁月的沉淀，绍兴黄酒的酿制技艺，已经超越了作为某个商品生产手段的属性，而升华成为国人的文化财富。早在2006年，绍兴黄酒的酿制技艺就被国家确定为第一批非物质文化遗产代表作项目，受到全社会的关注和国家的法律保护。而有着280年历史的会稽山公司，毫无疑问对于绍兴黄酒酿制生产技艺的传承和发展是做出了重要贡献的。

酒从来就不是一种单纯的食品或饮料，它不是用来饱腹或者解渴的，而是用来满足精神需求的。酒自从来到人世间，它就与人的情感相连。因此，千百年来，酒的生产制作和销售饮用，不仅形成了一条长长的产业链，更是积淀了纷繁厚重的酒文化。绍兴黄酒即为典范。古往今来，围绕绍兴黄酒的轶事佳话可谓不胜枚举，文人骚客留下的诗文可谓汗牛充栋。绍兴之所以成为酒乡、书乡、名士之乡，与绍兴黄酒是密不可分的。早在明清时期，绍兴黄酒就走出国门，销往东南亚国家。1915年在美国巴拿马万国博览会上，绍兴黄酒荣获了第一枚国际金奖，享誉海内外。1952年在中华人民共和国成立后的第一届全国评酒会上，绍兴黄酒即名列中国"八大名酒"。而后又荣登国宴，招待四海宾客。因此，今天当我们为绍兴这家有着280岁的古老酒厂庆生的时候，其实我们是在为它的历史和文化喝彩，是在呼吁社会对老祖宗留给我们的这份宝贵遗产给予更多的珍视和热爱。

我与国军先生相识已久，某种意义上也可以说是他献身绍兴黄酒事业的见证人。他是酿造专业的科班出身，大学一毕业就到东风酒厂工作。三十余年来，孜孜矻矻，专注于绍兴黄酒的生产研发，更致力于绍兴酒文化的传播弘扬，不仅是我国黄酒界的资深专家，同时也是研究绍兴酒文化的知名学者，对绍兴黄酒的创新发展可谓贡献良多。多年来，他对会稽山酒厂的发展功不可没，且多有著述论文问世，为讲述黄酒故事不遗余力，称得上是很好地践行了会稽山人初心不忘、始终不渝的信条：一心只为做好"一件事"，酿好"一坛酒"。值此云集酒坊成立280年之际，他将很大的心血付之以这本新书的编撰出版。可以说，国军先生的这本书，是对他为之毕生付出的绍兴黄酒事业奉上的一瓣心香，也是对会稽山公司280年奋斗历史的礼赞，更是对优秀的非物质文化遗产的传播和弘扬。希望有更多的人能看到这本书，并通过这本书了解绍兴黄酒，感受黄酒文化的魅力。

借此机会，作为我们国家的第一代非遗保护工作者，我也要对会稽山酒厂280岁的生日表达祝贺，并向将近三个世纪以来为传承弘扬绍兴黄酒技艺这份遗产而不懈努力的先辈和"匠人"们致上由衷的敬意。

是为序。

2023 年 8 月 26 日

（作者系原浙江省文化厅厅长、浙江省非物质文化遗产保护协会会长）

序 三

何信恩

悠悠千载绍兴酒，饮水思源会稽山。

一部全面记载会稽山绍兴酒股份有限公司发展史的大型企业志《从"云集"到"会稽山"》编纂成册，即将付梓出版，这是绍兴黄酒史上值得庆贺的大事，著者希望我能为此书写篇序言，作为从事绍兴酒文化研究多年的文史工作者，我感到义不容辞。

日月嬗递，春秋轮回。从会稽山黄酒公司的前身，创立于清乾隆八年（1743），位于绍兴东浦东周漊口的云集酒坊算起，至今历时280年。就民间企业而言，根据前些年业内人士的统计，名副其实的百年老字号，在全国范围内也不过千家。在绍兴百年老字号队伍中，"会稽山"毫无疑问属于资格最老的企业之一。仅凭这一点，就值得为它写一部分量足够的企业志。

在我看来，一部企业志能否发挥存史、资政、教化的功能，一要看它是否能全面、真实、客观地反映企业的历史与现状，从中寻找出兴衰起伏的规律；二要看它是否能给今人与后世以深刻的启示，从中吸取有益的借鉴。

显而易见，要写好这样一部跨越三个世纪，涉及到方方面面的大型企业志，是一项难度极高的系统工程，没有丰厚的资料基础与丰富的编纂经验，是难以完成的。令人欣喜的是作者依靠公司领导的高度重视与相关人士的热情支持，在浩如烟海的史料中，爬罗剔抉，去芜存菁，终于完成了这一精品之作，从而为 280 年庆典，献上了一份厚重的礼物。

对于"会稽山"这样一家有着 280 年历史的老厂，可以记述的故事实在太多，重在对材料的认定与取舍，作者紧紧抓住了公司发展史上的重要事件与节点，纵述历史，横排门类，多角度、全方位地向读者展现了"会稽山"近三个世纪的不寻常历程。总览全书，我觉得此书至少有以下几个特点：

一是纵横驰骋，游刃有余。

全书共分为四个篇章 26 章，面面俱到，洋洋大观。初次浏览，即给人以资料充分、涉猎广博的强烈印象。从时间跨度看，历经三个朝代的风风雨雨；从所涉人物看，上至国家元首，下到普通工匠，应有尽有；从中心事件看，既有专题式的描述，也有全景式的鸟瞰；从资料来源看，既有原始档案的查考，也有登门拜访当事人所获得的第一手资料。从而确保了此书的深度、广度与高度。而要做到这一点，没有长期的知识积累与应用自如的驾驭素材的能力是不可能达到如此完美的。

历史证明：一家成功的企业，首先要有一个既叫得响又耐人寻味的字号，民间谓之招牌。当年云集酒坊的创始人周佳木为自己的企业取名云集，是很有深意的："云"者，高手云集，商机无限；"集"者，佳木之合称也。足见创始人是一位头脑机灵、智商很高的商人。自 1743 年起，经六世传承，虽几经周折，"云集"的招牌一直延用至 1966 年更名为东风酒厂为止，历时 223 年，这在中国地方民企的发展史上，也称得上是一个奇迹。

说起来，我和"云集"之间还颇有些缘分。20 世纪 80 年代末，我从教育岗位奉调至绍兴市地方志办公室工作，开始了长达 8 年的绍兴有史以来最大的系统文化工程《绍兴市志》的编纂工作，在我负责编写的人物传中，就有为绍兴黄酒夺得首枚国际金牌的"云集"第五代传人周清先生，这是我首次接触与周清有关的史料。随后我又在绍兴府学堂（今绍兴一中前身）1899—1905 的毕（肄）业生名录上，看到了周清的大名，而他居然是我舅祖父周凤纪的同学，而此时绍兴府学堂的监督（校长）正是我祖母的伯父、举人周庆蕃。师生 1904 年合影的照片至今还陈列在绍兴一中的校史馆中。不久，我又在高中的母校绍兴稽山中学 1933 年的教员名单中找到担任该校高中生物教员长达 5 年的周清先生，在其门生中，就有我所熟知的世交、中华人民共和国成立后成为中国的"稀土之父"，获得国家最高科技奖的徐光宪院士。

与此同时，我又接到了时任嘉兴民丰造纸厂工会干部、周清孙子周我云的电话，知道卧病在床的周清幼子急于想看到新编《绍兴市志》中有关其父周清的记载，并给我寄来了有关周清的书面资料与当时所能找到的珍贵照片。那时尚无手机，双方通话都通过座机，每次通话时间都很长，并且隔三差五就会通一次话，可见对方急于想见到家乡志书对其祖父记载的迫切心情。由于《绍兴市志》的规模宏大，出版周期很长，我只能把尚未付印的样稿寄给周氏后人，以慰思念之切。凡此种种，都使我对周清这位乡贤与稽中前辈校友产生了浓厚的兴趣，以致接二连三地写了好几篇宣传周清的文章，包括我所参编的省、市地方志，以及《越中名人谱》《绍兴名人辞典》中周清的小传，并曾萌发了为周清单独写一本评传的想法。由于一直以来杂务缠身和其他诸多原因，始终未能如愿。

尤其令我感动的是：与我同岁的共和国同龄人周我云先生一直没有中断对其祖父的研究，乃至退休以后在多种疾病缠身的困境下，花四年之心血，于 2021 年由现代出版社出版了长篇历史小说《黄酒之魂》，终于完成了他叔父的临终嘱托。还因此获得联合国秘书长古特雷斯的复信鼓励。

虽然周清本人并不直接从事酿酒，但他却为后人留下一部对绍兴的酿酒工程产生深远影响的《绍兴酒酿造法之研究》，此书的学术价值和应用价值在《从"云集"到"会稽山"》一书已有详细介绍，此处不再赘述。

绍兴乃中国名气最大的黄酒之乡，大大小小的产酒企业遍布城乡，但最能代表绍兴黄酒水平的厂家屈指可数，"会稽山"无疑是其中的佼佼者。

多少年来，云集酒厂以其过硬的技术与上乘的品质，在绍兴老百姓中树立了良好的口碑，喝"云集"出产的老酒成为老一辈绍兴人约定俗成的习惯。尽管 1966 年以后绍兴云集酒厂更名为东风酒厂，增加了白酒的品种，但根据不久前去世的绍兴黄酒界"活档案"，云集酒厂、绍兴东风酒厂老书记王阿牛的回忆，自 20 世纪 50 年代以及之后很长一段时间，云集酒厂生产的绍兴酒都打上"鉴湖"的牌子，这是事出有因、顺理成章之事。正如周清先生在《绍兴酒酿造法之研究》"总论"中所指出的那样：绍兴酒为中外人士所欣赏不已者，以我坊云集信记为最著，是盖与地理历史，均有关系焉。东浦地傍蠡城，稽山鉴水，灵秀独钟，此地之水质气候，有非他处所能幸获者。

1983 年 7 月 5 日，绍兴东风酒厂申请的"会稽山"商标经国家工商局核准注册成功。由"云集酒作坊"起家的酒业，从此进入了"会稽山"时代。

作为华夏社稷象征和国祖陵寝所在的会稽山，曾经位居中华九大名山之首。诚如专家所言，如果把鉴湖水比喻为绍兴酒之血，会稽山则为绍兴酒之母。没有会稽山，就不可能有优质独特的鉴湖水，也就不会有驰名中外的绍兴酒。如果说东汉会稽太守马臻围筑鉴湖为酿造绍兴酒提供了丰沛的水源，那么，会稽山则为绍兴酒的酿造注入了灵气和活力。

许多人问我为什么把五卷本的自选集取名为《稽山文集》？这是因为：我出生的地方向属会稽县域，按传统的籍贯填写规则，我是绍兴会稽人也。我高中求读于稽山中学，是校志有记载的稽山学子，文集内容均与绍兴有关，而稽山鉴水越都城正是绍兴的形象概括。正如新版校歌所写的那样：稽山竞秀，镜湖汇流，学宫更添新猷，卧薪尝胆，继往开来，悠悠青史长流。拙著《稽山鉴水话饮酒》描写了何、谢、周、王四大家族的世代饮酒史，因而深受广大读者的喜爱与好评，至今网上点击率仍很高。

二是人物鲜明，各有特色。

在长达280年的创业历程中，涌现出一批各领风骚的掌门人与能工巧匠。书中共收集了酒厂各个时期的代表性人物，作者抓住了不同人物对企业所作的独特贡献，站在历史的高度，客观忠实地写出了他们的闪光点：开山立业、为企业取名的周佳木；以善举感化盗贼的第四代传人周玉山；以及作为玉山公三个儿子的第五代传人周清兄弟；绍兴香雪酒的创始人吴阿惠；在中国酿造史、农业史和教育史上贡献卓著的第五代传人周幼山；云集亨记的创始人兼第六代传人的周善昌；云集酒厂的首任负责人陈德昌；一代酿酒高手徐金宝；有一代"活酒仙"之称的王荣明；新中国的红色工程师沈锡荣；开耙高手章福贵；被誉为绍兴黄酒界泰斗式人物的王阿牛；一生以酿酒为业的鲁吉生；走出"枪林"入"酒林"的刘金柱；让"东风"浩荡"会稽山"的任中华；"文化营销"开先河的冯张法；情系"会稽山"的傅祖康；精细管理出成效的金建顺；平稳过渡保重整的虞伟强。

"世间一切事物中，人是第一个可宝贵的。"企业的发展离不开杰出人物的贡献和一支团结高效的经营团队。历来志书半人物。吾乡先贤、明代状元张元忭说得好：苟有一德一艺者，皆可书焉。尽管每个人所处的位置与所作的贡献各有不同，但都是企业的有功之臣，其中相当一部分人已经走进了历史。"会稽山"人将永远铭记他们的功德。当然，由于受作者视野与资料的限制，有些早期人物的事迹还比较单薄，期待后人和知情者加以补充与完善。

三是发挥优长，纠偏补弊。

改革开放以来，绍兴市内外出了不少研究酒业与酒文化的论文集，特别是2005年绍兴市酒文化研究会成立以来，《酒文化研究文集》出了一集又一集，可谓成果累累。目前绍兴研究酒文化的队伍中，主要由两部分人组成：其一是有关高校和社科系统的研究人员；其二是各自为战的民间文史工作者。其中绝大部分人所依靠的是从已有的各种资料和文章中发掘整理出能为其所用的"干货"。杨国军先生是一位颇为特殊的研究人员，他的与众不同之处在于他既是一位长期在黄酒企业工作的专业人员，经过多种岗位的历练，又是具有真才实用的学者型专家，是国家级的黄酒评委。不但具有丰富的实践经验，更具有深厚的治学功底与研究写作能力，曾参与起草了《浙江通志·浙江食品工业志》中的"绍兴酒专记"，编著过诸如《绍兴酒鉴赏》《黄酒之源会稽山》《绍兴黄酒酿制技艺》《绍兴黄酒丛谈》等一系列专著。据我所知，《从"云集"到"会稽山"》原是作者的一篇文章，发表于2006年第三期的《中国酒》。从那时至今，又经过了18个年头，杨君的研究成果已从一棵大树成长为一片树林。此次出版的企业专志，正是几十年来研究成果的集中展示。

正是凭着这种多年积累起来对企业发展史的深入研究所形成的功底，使本书作者对众多与绍兴酒史与酒业息息相关的大事，不轻易相信传统的说法，而是多方求证，反复推敲，从事物的源头与原始材料查起，将档案记载与口碑资料互相对照，达到观点与材料相统一，方才作出鉴定，从而厘清了以前众说纷纭，乃至以讹传讹的所谓出典。诸如"巴拿马金奖"的获奖经过、"八大名酒"的评定依据、"中央仓库"的来龙去脉、国家领导人对绍兴酒的品尝与青睐、绍兴酒成为国宴酒的前前后后。乃至周清究竟卒于何年等问题，均以事实说话，得出了令人信服的结论。

尤为可贵的是：作者能大胆解放思想，对某些以往讳莫如深、回避不谈的所谓敏感问题，如对云集"亨记"的创始人周善昌（周清侄子），不但对发展云集酒业作出了实质性的贡献，而且为人诚实笃信，乐善好施，济贫扶困，多有善举，造福乡民，在当地有口皆碑，却于1950年4月被划为反动资本家涉嫌反革命罪遭到镇压的冤案，书中如实予以记载，还历史以本来面目，足见作者的史德与胆识。

四是品牌文化，亮点纷呈。

作为名山，会稽山源远流长，世所公认。

作为名酒，"会稽山"品牌超群，名闻遐迩。

作为中国黄酒的驰名品牌，"会稽山"秉承千年酿酒技艺，精选原料，精酿细作，工艺精湛，风格独特，名不虚传。

"会稽山"酒最诱人之处，在于其千年历史所凝结的灵性，使人心驰神往，特别是经年陈酿，堪称至尊佳酿，上等美酒。它的厚重与纯正，折射出历史文化的积淀。酒以城名，城以酒名。绍兴这座历史文化名城也正是有了像"会稽山"这样的国酿而魅力倍增。

自古以来，酒一直与文化相伴，中国黄酒是中国传统文化的重要载体，绍兴酒更是老祖宗留给我们的宝贵财富。一部黄酒史，半部绍兴史。一杯黄酒在手，商周礼数，魏晋风流，唐诗宋词，华夏春秋，皆在其中。更有那酒典佳话壶酒兴邦，投醪劳师，郑弘酿川，曲水流觞，金龟换酒，沈园绝唱，在绍兴酒人口中如数家珍。

"会稽山"作为黄酒品牌，其文化内涵博大精深，刚柔相济，"山"人合一，举世无双。

"会稽山"的成功经验证明：企业文化是企业的核心竞争力，也是市场竞争力的最高层次。从云集酒作坊开始的会稽山人，以诚心酿酒、贴心服务的经营理念，崇尚自然，开拓创新，追求卓越的企业使命，赢得了美誉，也赢得了效益。作为企业的经营管理者，更是以会稽山为平台，将企业文化演绎得风生水起，亮点纷呈，吸引了一批又一批的商家与游客前来观摩取经。作为绍兴市酒文化研究会的历任副会长，我也多次应邀前往会稽山公司参观学习，参与过包括黄酒陈列馆在内的相关项目的策划与论证，从中受到不少有益的启示。

经过 280 年的艰辛创业，如今的会稽山绍兴酒股份有限公司已成为国内外市场最负盛名的黄酒酿造企业之一。"会稽山"品牌已成为中国黄酒中最知名和最具价值的品牌之一，这既是会稽山人的骄傲，也是绍兴人的骄傲。

我和本书作者杨国军先生相识多年，深为他的人品、学识和敬业精神所钦佩。1967 年出生的他，正处于学术生命的黄金时期，期盼他在日后的岁月中，能更上一层楼，不断有佳作问世。

老友新著，先睹为快，心有所感，信笔抒怀。一家之言，一孔之见，拉杂书此，勉以为序。

2023 年 8 月 1 日于绍兴

（作者系绍兴市酒文化研究会原副会长）

目 录
contents

从「云集」到「会稽山」

目
录

前 言

如若置身于人类社会上万年的发展历史，280 年只是简短的一瞬；而若置身于绍兴黄酒传承千年的历史坐标，280 年或是一段风云跌宕的传奇故事。

绍兴，江南水乡。自古以来，这里物华天宝，人杰地灵。晋人顾恺之谓之"千岩竞秀，万壑争流，草木蒙笼其上，若云兴霞蔚"。闻名天下的绍兴黄酒便出产于此。

作为中国黄酒的杰出代表，国家首批"地理标志保护产品"，绍兴黄酒被誉为"东方名酒之冠""东方红宝石"。

1915 年，绍兴东浦一家名为"云集"的酒坊，在美国巴拿马太平洋万国博览会上，为绍兴黄酒获得了第一枚国际金奖。从此，绍兴黄酒声名鹊起，成为海内外品饮人士的钟爱之酒。

中华人民共和国成立时，"云集酒坊"已成为绍兴当地最为知名的酿坊，产品畅销京津沪等各大知名酒楼，出口中国港澳地区和日本、新加坡、马来西亚等国家。据《绍兴县志》记载："民国三十六年（1947），（绍兴）酿户 6633 家，三十七年（1948）5687 家，三十八年（1949）减至 1362 家。"又载："光绪二十六年（1900）始，东浦云集酒坊（现会稽山绍兴酒股份有限公司），在上海抛球场设德信昌酒栈为南省分售所；在广州毫半街设大兴号寄售所；在天津侯家后设德顺培酒局寄售所；在北京延寿寺街设京兆荣酒局北京分售所，又在巾帽胡同玉盛酒栈、煤市街复生酒栈、杨梅竹斜街源利酒栈，各设绍酒寄售所。京津市街酒店菜馆干果铺，多寄售云集绍酒。"

1951年12月12日，"云集酒坊"被人民政府接收，更名为地方国营云集酒厂；1966年，更名绍兴东风酒厂；2005年，更名为会稽山绍兴酒有限公司；2007年9月29日，再次更名为会稽山绍兴酒股份有限公司；2014年8月25日，会稽山股票（代码：601579）在上海证券交易所上市。2022年12月26日，中建信浙江公司成为"会稽山"新的控股股东，百年"会稽山"焕新出彩，再一次扬帆启航，开启创新发展的全新征程。

从1743年到2023年，从私营作坊到上市公司，从新中国开国大典的国宴用酒到1952年国家"八大名酒"，从人民大会堂唯一国宴专用酒到2016杭州G20峰会指定用酒、2023杭州亚运会官方指定用酒……280年岁月变迁，十几代会稽山人不忘初心，百年只做"一件事"，用心酿好"一坛酒"，用匠心创造了280年不间断生产的奇迹！

280年来，十几代会稽山人艰苦创业、砥砺奋进，成就了"会稽山"百年老酒、历久弥香的传奇故事；280年来，十几代会稽山人专注一事，以对品质、技艺的执著追求和虔诚般的信仰，成为"绍兴黄酒酿制技艺"国家级非遗生产性传承基地；280年来，百年"会稽山"致力于酿造健康、绿色、生态的高品质黄酒，为满足人民对美好生活的向往贡献了会稽山力量！

百年"会稽山"，纯正中国酿。

如果说，绍兴神奇的地理风土，会稽山独特的地质结构，甘润清冽的鉴湖水，为会稽山酒的品质提供了得天独厚的物质基础，那么，百年传承的会稽山酒酿制技艺，诚信敬业的会稽山酿酒人，为会稽山酒的百年长香提供了重要的技术和人才保障。

会稽山，不仅仅是中国九大名山之首，华夏五大镇山之南镇，还是千年越醪，华夏国酿，是绍兴人最喜欢喝的绍兴酒品牌，是中国最好的黄酒品牌之一。绍兴人对会稽山酒的感情之深、忠诚度之高，其他品牌无出其右！

280 年来，会稽山人用智慧演绎传统，用科技助力创新，致力打造诚信工程、品质工程、品牌工程。"会稽山"的声望不断扩大，"会稽山"的价值不断提升，"会稽山"的品位不断提高。旗下高端品牌"兰亭"黄酒的靓丽登场，成为媲美于茅台的当下高端酒局新的选择。

"兰亭"，是历史，也是文化，更是中国高端黄酒的代表。1670 年前的永和九年，王羲之邀谢安、孙绰等 41 位名士在会稽山下的兰亭举行了一场流觞雅事。微醺之间，"天下第一行书"横空出世；1670 年后，百年"会稽山"焕新出彩，鉴湖之畔"兰亭·雅集"再启盛宴。

举杯"兰亭"酒，畅享"会稽山"。

从魏晋风流到唐诗宋词，从"仰观宇宙之大"到"俯察品类之盛"，一杯"兰亭"酒，凝聚了诗人们太多的人生感悟。无论魏晋名士，抑或唐宋诗人，他们借着会稽山的美酒，用手中的生花妙笔，挥写了一幅幅中国诗词界的"兰亭集序"。他们或流连于越地的秀美山水，或沉醉于会稽山的甘醇美酒，或惊艳于越女的曼妙身姿，他们对酒当歌，举觞之间，唐诗之路更加缠绵，宋韵文化更加闪耀。

"山阴道上行，如在镜中游"，这是王右军的名士风雅；"镜湖水如月，耶溪女似雪"，这是李太白的醉中风月；"鉴湖五月凉，越女天下白"，这是杜少陵的越女颂歌；"唯有门前镜湖水，春风不改旧时波"，这里，有贺季真的家乡感怀；"千金不须买画图，听我长歌歌鉴湖"，这里，还有陆放翁的鉴水长歌。

越酒行天下，会稽醉风雅。

一坛"会稽山"酒，成就了昨天的绍兴黄酒，也必将在中华民族复兴和文化自信的大潮中更加耀眼，成为中华五千年优秀传统文化的重要见证，成为传播弘扬中华文化，促进东西方文化交流的重要使者。

百年金奖 "云集"辉煌

第一章
"云集"初创

17 世纪初，正值中国清王朝。

清乾隆二年（1737）五月降旨，永禁烧酒，但不禁黄酒。其时，黄酒作为清代上层社会的常备饮料，故不受限。受益于朝廷的宽松政策，以及南、北人员交流引发的北方酿酒技术的南移，以绍兴酒为代表的南方酒业由此得以兴盛发展。加之清朝皇帝大都喜饮黄酒。康熙尤其喜爱绍兴酒，由此推动了绍兴黄酒进入全盛时期，尤其绍兴的柯桥、东浦一带，家家户户酿酒，成为名副其实的酒城。

彼时，绍兴各大知名酒坊，主要集中在城区西部的东浦、阮社、湖塘一带。由于这些村镇紧邻鉴湖水系中西部，濒临湖河沿岸，山清水秀，气候温和湿润，水质尤好，得天独厚，最宜酿酒，由此形成了一个天然的酿酒区域，所产之酒质地优良、风味独特、别具一格。

地处绍兴城西的东浦，自古酒坊林立，酒旗如云。晚清著名学者李慈铭世居绍兴西郭门外霞川，与东浦仅一江之隔，从小被酒香熏陶。在《越缦堂日记》中，他多次讲到东浦的酒，并写诗词颂扬东浦酒。1855 年正月十四上元前夜，他与友人从东浦月

《越缦堂日记》书影

夜泛舟归大树港，并留下"东浦十里吹酒香""夜夜此地飞千舸"之诗句。清代陶元藻在《广会稽风俗赋》中则称："东浦之酝，沉酣遍于九垓。"《康熙会稽县志》更有"越酒行天下"之说。

当时，绍兴的酒作坊都会聘请一位老师傅（俗称"酒头脑"）负责"开耙"。"开耙"是绍兴酒酿造过程中一道最重要的工序，负责"开耙"的师傅一般酿酒经验丰富，因最终酒质好坏皆取决于他，并与其收入挂钩，故"开耙"师傅在酒作坊既有很高的权威性，也有相当的风险性，一切皆取决于其酿酒技术的精湛与否。

"云集"初创

清乾隆八年（1743），周佳木在绍兴东浦东周溇口创立了云集酒坊（会稽山绍兴酒股份有限公司前身）。取名"云集"，既

绍兴东浦东周溇，河右岸为"云集酒坊"

寓意酿酒高手云集，还隐含了周佳木之名。"佳木"合而为"集"，足见周佳木不仅具有精湛的酿酒技艺，还具有超人的商业智慧。

史载：东周溇周氏，先世祖籍诸暨，居诸暨之南门。周文衍，字继宣，南宋时始迁东浦，为东浦始祖。迁东浦时所居之地为东浦越浦溇。其后子孙繁衍，环溇而居，因改称东周溇。至第四世，名永昌，元季人，东周溇之屋被焚，分支徙居西周溇。周文英、周开捷、周福康、周清等均系周氏后裔。[1]

周清，云集酒坊第四代传人周玉山的第四个儿子，云集酒坊的第五代传人。周清自己不酿酒，但他的几个兄弟都酿酒，且对绍兴酒的酿造有很深的研究。1915年，周清将他祖上以及自己家族酿制的"云集"绍兴酒送去美国巴拿马太平洋万国博览会参

---

①《东浦镇志》第155页，东浦镇志编委会编，1998年3月。

评，为绍兴黄酒获得了历史上第一枚国际金奖。

东浦，早在宋代就是酿酒中心，大小酿户达四五百家。一到腊月，家家户户冬酿。

"溇"，是江南水乡一种特有的地形，一般指河道的断头处。如果把绍兴水乡密如蛛网的河流比喻为人的"神经系统"，那么，"溇"便是神经的末梢。

《嘉庆山阴（即绍兴）县志》记载："县西十四里曰越浦桥。"《东浦镇志》记载："石桥位于东周溇口，原为单孔平梁石桥。桥长 10 米，宽 1.2 米。溇内有云集、孝贞酒坊，故有'东浦老酒越浦桥'之说。1992 年 8 月桥梁断裂，同年，重建成钢筋水泥平桥。"

民国十七年（1928），周清所著《绍兴酒酿造法之研究》一书记载："至于本坊源流，夙在前清中兴时代，佳木公独力创办，传至我文玉山公，已四世矣。"

乾隆八年正值康乾盛世之朝，清政府禁白酒不禁黄酒，周佳木洞察商机，创建云集酒坊可谓恰逢其时。"文玉山公"即周玉山，系周清兄弟父亲。对此，笔者曾在周清侄孙女周我学处得到印证。

2005 年，因考证"会稽山"与云集酒坊的传承关系，笔者在东浦镇居委会许大德师傅陪同下，前往云集酒坊的发源地——东浦东周溇，实地走访云集酒坊第五代传人——周清的侄孙媳妇胡琴声（时年 85 岁，1921 年出生）和侄孙女周我学（时年 92 岁，1914 年出生）两位老人。

胡琴声老人的家在云集酒坊旧址，老人耳聪目明，气色红润，但行动不太方便，需借助轮椅。老人对周清父辈的记忆较为模糊，只说周清共有四兄弟，大哥周葆塘，二哥周睦隣，三哥周叔循，周幼山（即周清）排名老四。

据《东浦镇志》记载：周葆塘经营"周云集元记酒坊"，周

许大德师傅陪同笔者参观云集旧址

睦隣经营"周云集昌记酒坊",周叔循经营"周云集利记酒坊",周幼山经营"周云集员记酒坊",周清经营"周云集信记酒坊",周善昌经营"周云集亨记酒坊"。周幼山即周清,若镇志记载属实,周清名下则有两家酒坊,一为"云集员记",一为"云集信记"。而根据后续坊单可知"云集信记"系周清兄弟周睦隣所拥有。此外,根据周清的履历,事实上他并没有时间直接参与酿酒或经营管理,但周清有良好的商业头脑,他借用兄弟周葆塘、周睦隣酒坊酿制的酒,将绍酒经营的生意做得风生水起。而周清于1941年前后去世,其后代均无人从事酿酒经营。

　　另一位老人周我学的家在越浦桥边,她是周葆塘的孙女,也是许大德的小学老师。进屋时,老人正拿着放大镜在看当天的报纸,但听力不行,需借助纸、笔才能交流。周我学告诉笔者,周幼山兄弟的父亲叫玉山,从前父子姓名相联,周清叫幼山,父亲叫玉山。至于周清的爷爷辈,老人已记不清了。周我学说,云集酒坊传到周玉山的四个儿子手里后，由于大儿子周葆塘不善经营，不懂得及时回收货款、清账并管理业务，最后酒坊的资产逐渐集中到精明能干的第二个儿子周睦隣手中，后由其子周善昌继承经营。周善昌懂得经营管理，他把云集酒坊经营成了绍兴酿酒界最有名的酒厂，后来几经演变，成为了今天的会稽山公司。更为庆幸的是，几年之后，云集酒坊的坊单公之于世。

云集坊单

2017 年，由民国时期古籍收藏大家、文物鉴赏家周叔弢之子周景良整理的《醪海遗帧——周叔弢先生藏酒票（一函三册）》（以下简称《醪海遗帧》）由国家图书馆出版发行。该书收录了周叔弢先生多年收藏积攒的绍兴酒的藏酒票（即坊单），包括"云集""章东明""德润号"等多家知名酒坊，共 105 张，其中有关"云集"酒坊的坊单有 10 张，也是所有在册酒坊中唯一一家延续至今的企业。为研究清代至民国时期绍兴酒企业的生产经营、技术发展以及市场营销提供了宝贵的史料。

10 张云集酒坊的坊单中，涵盖从光绪二十九年（1903）到民国二十三年（1934）不同时期的黄酒，时间跨度长达 31 年。其中光绪、宣统年间的各 2 张，民国时期的 6 张。下面按照年代顺序，将每张坊单的释文进行了整理，从中也可一窥 100 年前云集酒坊的商标保护意识（泥印堀印与内票相符或内票外印相符）以及在京津一带的销售盛况：

◎光绪二十九年（1903）

印刷方式：雕版墨印；尺寸：15.8×15.6 厘米；年代：左侧泥头印式图中木戳印"癸卯"，左下角弢翁小字注"光"。左侧上

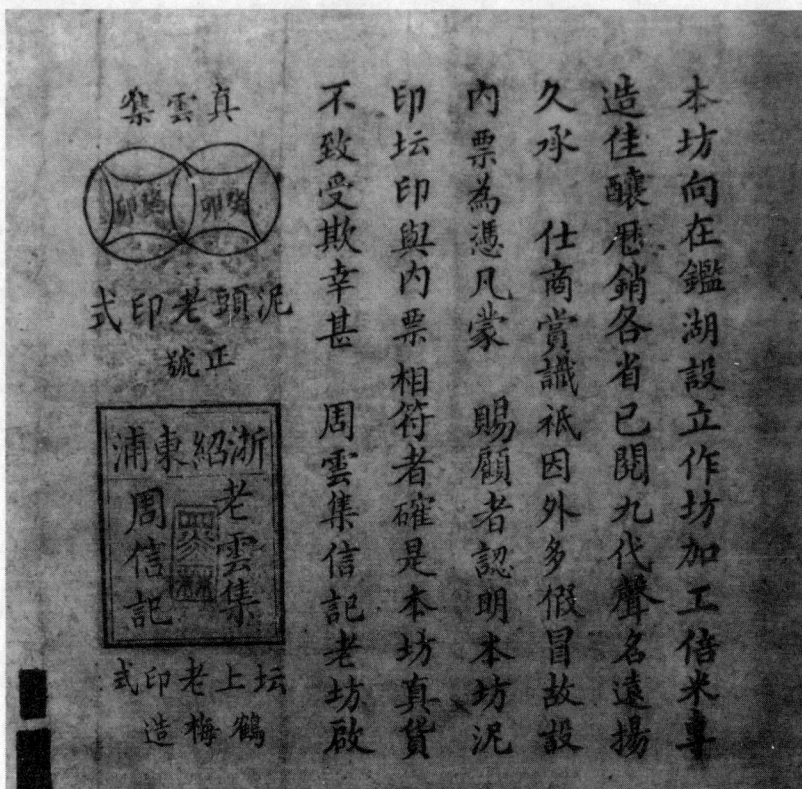

清光绪二十九年（1903）云集坊单

方"真云集"；其下为泥头印式图。下有"泥头老印式""正号"等字。泥头图下有坛上印式图。图内有文字："浙绍东浦"[1]"老云集""周信记"。

印文："墨林"[2]。图下有"坛上老印式""睦邻造"[3]等字。

正文："本坊向在鉴湖设立作坊，加工倍米，专造佳酿，历销各省，已阅九代，声名远扬，久承仕商赏识。只因外多假冒，

---

① "浙绍东浦"指云集酒坊所处的地理位置。
② "墨林"疑为酒坊坊主周睦隣的谐音。
③ "睦邻"即"睦隣"，云集酒坊第五代传人周睦隣名字，周清的兄弟。

故设内票为凭，凡蒙赐顾者，认明本坊泥印堀印与内票相符者，确是本坊真货，不致受欺，幸甚。周云集信记老坊启。"

◎光绪三十一年（1905）

印刷方式：雕版墨印；尺寸 14.85×15.4 厘米；年代：左侧泥头印式图中木戳印"乙巳"（左下角弢翁小字注"光绪"。左侧上方"真云集"；其下为泥头印式图。下有"泥头老印式""正号"等字。泥头图下有坛上印式图。图内有文字："浙绍东浦""老云集""周信记"。

印文："墨林"。图下有"坛上老印式""鹤梅造"等字。

正文："本坊向在鉴湖设立作坊，加工倍米，专造佳酿，历

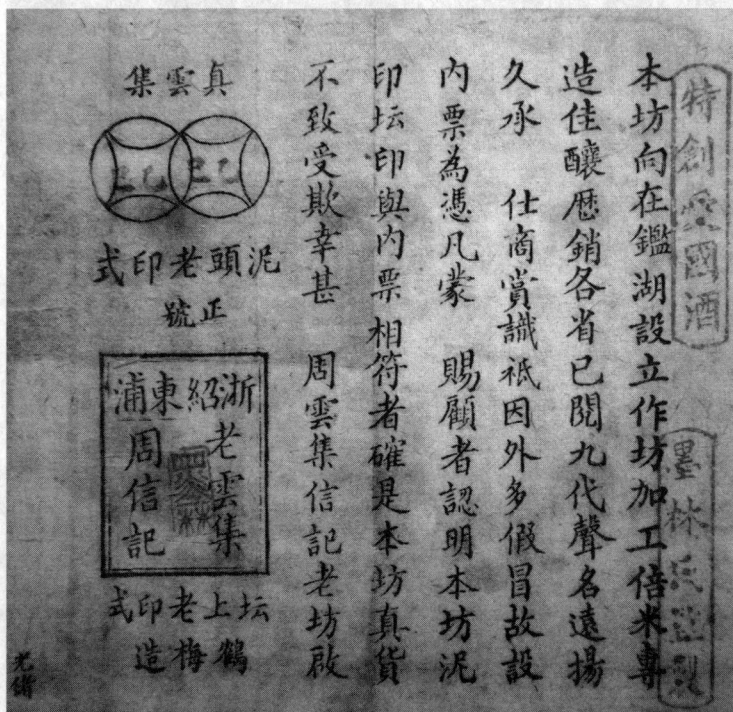

清光绪年间（1905）云集坊单

销各省，已阅九代，声名远扬，久承仕商赏识。只因外多假冒，故设内票为凭，凡蒙赐顾者，认明本坊泥印堀印与内票相符者，确是本坊真货，不致受欺幸甚。周云集信记老坊启。"

右侧红色印章二。其一："特创爱国酒"；另一："墨林氏监制"。

◎宣统二年（1910）

尺寸：印刷方式：雕版墨印；尺寸15.65×15.9厘米；年代：左侧泥头印式图中木戳印"庚戌"，左下角髪翁小字注"宣"。左侧上方"真云集"；其下为泥头印式图。下有"泥头老印式""正号"等字。泥头图下有坛上印式图。图内有文字："浙绍东浦""老云集""周信记"。

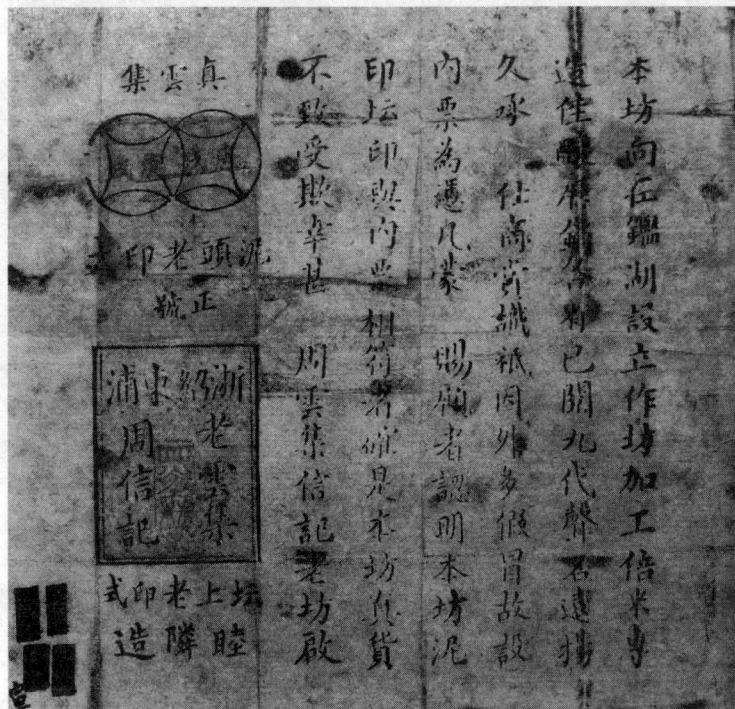

清宣统二年（1910）云集坊单

印文："墨林"。图下有"坛上老印式""睦邻造"等字。

正文："本坊向在鉴湖设立作坊，加工倍米，专造佳酿，历销各省，已阅九代，声名远扬，久承仕商赏识。只因外多假冒，故设内票为凭，凡蒙赐顾者，认明本坊泥印堀印与内票相符者，确是本坊真货，不致受欺，幸甚。周云集信记老坊启。"

弢翁另纸题记："老云集数坛，色皆重。"

◎宣统二年（1910）

尺寸：印刷方式：雕版墨印；尺寸15.7×15.75厘米；年代：左侧泥头印式图中木戳印"庚戌"，左下角弢翁小字注"宣"。左侧上方"真云集"；其下为泥头印式图。下有"泥头老印式""正号"

清宣统二年（1910）云集坊单

等字。泥头图下有坛上印式图。图内有文字："浙绍东浦""老云集""周信记"。

印文："墨林"。图下有"坛上老印式""睦邻造"等字。

正文："本坊向在鉴湖设立作坊，加工倍米，专造佳酿，历销各省，已阅九代，声名远扬，久承仕商赏识。只因外多假冒，故设内票为凭，凡蒙赐顾者，认明本坊泥印堀印与内票相符者，确是本坊真货，不致受欺，幸甚。周云集信记老坊启。"

◎民国九年（1920）

印刷方式：雕版墨印；尺寸15.3×10.6厘米；年代：左侧泥头印式图中木戳印"庚申"，左下角彀翁小字注"民国"。左侧上方

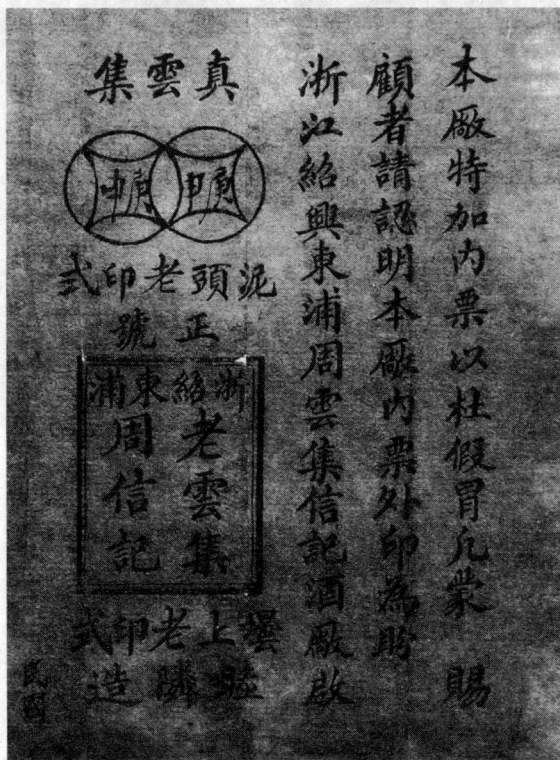

民国九年（1920）云集坊单

"真云集"；下为泥头图。图下有字："泥头老印式""正号"。泥头图下有坛上印式图。有文字："浙绍东浦""老云集""周信记"。

印文："墨林"。图下有字："坛上老印式""睦邻造"。

正文："本厂特加内票，以杜假冒，凡蒙赐顾者，请认明本厂内票外印为盼，浙江绍兴东浦周云集信记酒厂①启。"

弢翁另纸题记："庚申纪年用墨书。亦罕见。"

◎民国十二年（1923）

尺寸：印刷方式：雕版墨印；尺寸16.05×9.6厘米；年代：左侧泥头印式图中木戳印"癸亥"，左下角弢翁小字注"民"。左

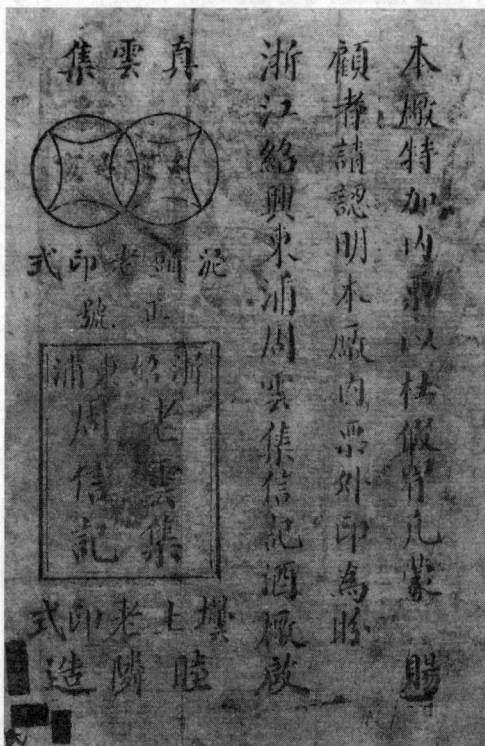

---

① 笔者注：民国九年，酒坊已称酒厂，第一次发现，实际称厂时间或许更早。

侧上方"真云集";下为泥头图。图下有字:"泥头老印式""正号"。
泥头图下有坛上印式图。有文字:"浙绍东浦""老云集""周信记"。

印文:"墨林"。图下有字:"坛上老印式""睦邻造"。

正文:"本厂特加内票,以杜假冒,凡蒙赐顾者,请认明本厂
内票外印为盼,浙江绍兴东浦周云集信记酒厂启。"

◎民国十七年(1928)

尺寸:印刷方式:雕版墨印;尺寸15.78×9.42厘米;年代:
左侧泥头印式图中木戳印"丙辰"。左侧上方"真云集";下为泥
头图。图下有字:"泥头老印式""正号"。泥头图下有坛上印式图。
有文字:"浙绍东浦""老云集""周信记"。

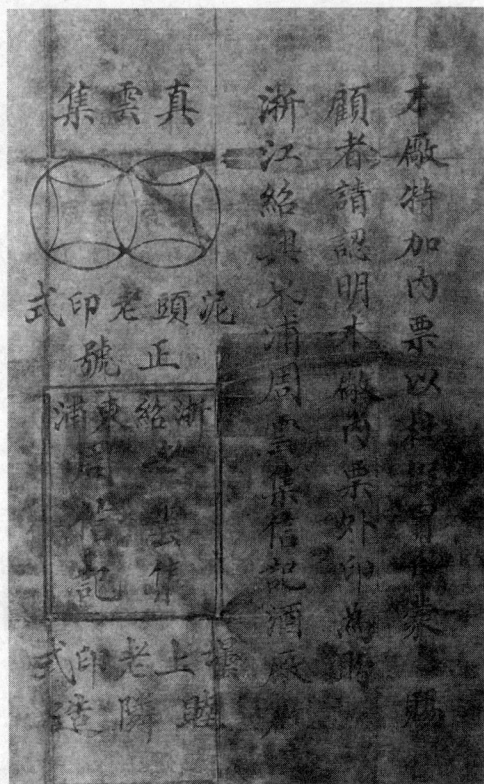

民国十七年(1928)云集坊单

印文不清。图下有字："坛上老印式""睦邻造"。

正文："本厂特加内票，以杜假冒，凡蒙赐顾者，请认明本厂内票外印为盼，浙江绍兴东浦周云集信记酒厂启。"

◎民国十八年（1929）

尺寸：印刷方式：雕版墨印；尺寸15.38×9.8厘米；年代：左侧泥头印式图中木戳印"己巳"，左下角弢翁小字注"民"。左侧上方"真云集"；下为泥头图。图下有字："泥头老印式""正号"。泥头图下有坛上印式图。有文字："浙绍东浦""老云集""周信记"。

印文不清，据第六号票对比，应是"墨林"。图下有字："坛上老印式""睦邻造"。

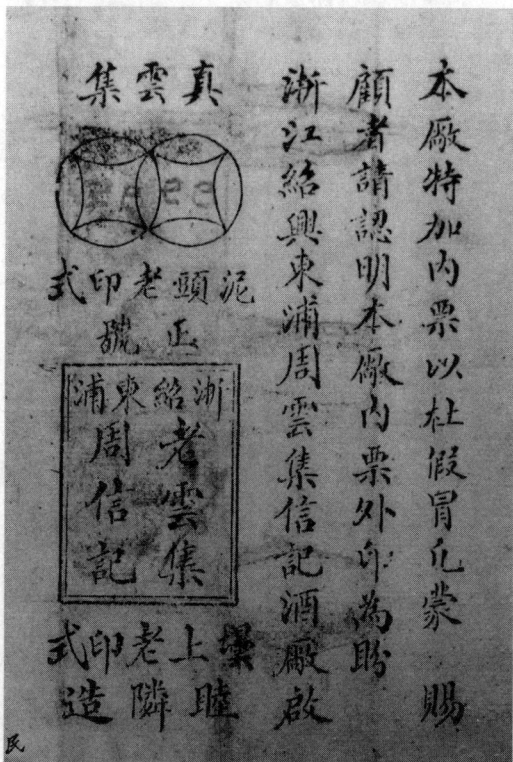

民国十八年（1929）云集坊单

正文："本厂特加内票，以杜假冒，凡蒙赐顾者，请认明本厂内票外印为盼，浙江绍兴东浦周云集信记酒厂启。"

◎民国二十年（1931）

尺寸：印刷方式：雕版墨印；尺寸 15.6×10.8 厘米；年代：左侧泥头印式图中木戳印"辛未"，左下角羧翁小字注"民"。左侧上方"真云集"；下为泥头图。图下有字："泥头老印式""正号"。泥头图下有坛上印式图。有文字："浙绍东浦""老云集""周信记"。

印文："墨林"。图下有字："坛上老印式""睦邻造"。

正文："本厂特加内票，以杜假冒，凡蒙赐顾者，请认明本厂内票外印为盼，浙江绍兴东浦周云集信记酒厂启。"

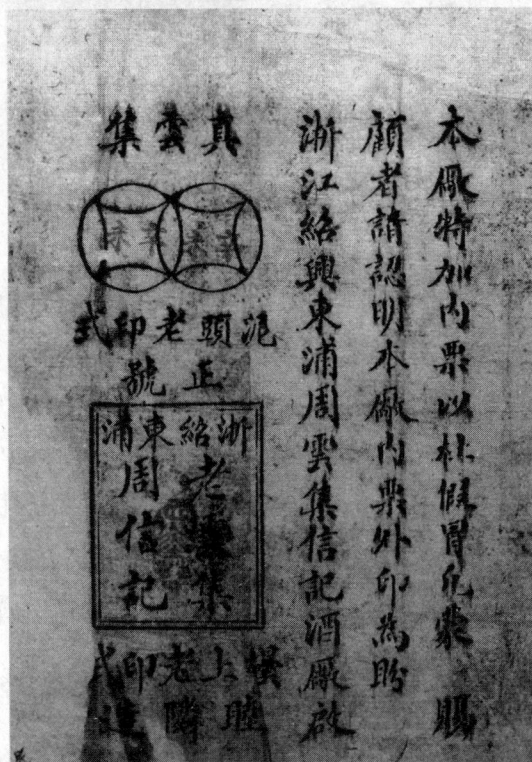

民国二十年（1931）云集坊单

◎民国二十三年（1934）

尺寸：印刷方式：雕版墨印；尺寸15.18×10.5厘米；年代：左侧泥头印式图中木戳印"甲戌"，左下角戣翁小字注"民"。左侧上方"真云集"；下为泥头图。图下有字："泥头老印式""正号"。泥头图下有坛上印式图。有文字："浙绍东浦""老云集""周信记"。

印文："睦邻造"。图下有字："坛上老印式""睦邻造"。

正文："本厂特加内票，以杜假冒，凡蒙赐顾者，请认明本厂内票外印为盼，浙江绍兴东浦周云集信记酒厂启。"

从「云集」到「会稽山」

【知识链接】

坊单沿革

坊单是旧时绍兴的酿酒作坊用于识别自家商品的一种标识。商家把酒坊名和酒名联在一起，便形成了坊单，类似于今天的商标。

清光绪三十年（1904），清政府颁发中国第一部商标法《商标注册试办章程》，绍兴各酿酒作坊采用坊单作为商标，宣传自己的产品。坊单的材料多为纸质，上面注有酿坊名称牌号、酿坊历史、品种、酿法、作坊主姓名、注册商标，并盖有印章。酒坛外壁和泥头上盖有方形、圆形朱红色和黑色牌印，以示品种区别。①

绍兴酒的酿造最早都是在手工作坊里完成，经由家族传承，其工艺技术、品质风味往往良莠不齐。为了区分各家的酒，酒坊主们就会制作一张坊单，藏在酒坛的泥头里边，陶坛盖之上，上覆荷叶、竹壳包扎，再糊上泥头。随酒一起封存，等到这坛酒饮用时才能发现。一方面是辨识各家酒坊的一种标识；另一方面也是每坛酒的身份证明。

在家族传承过程中，经常会出现一个老字号繁衍出多个分号的情况，有的坊单上就会标出最早的老字号名称，同时声明唯有自家才是这家老字号的真传，并标示本家主人姓名以示区别，借以体现本坊历史的悠久。如"云集酒坊"坊单上印有"老云集""真云集""墨林"等字样，前者意指本坊的脉络和品质纯正，后者指的是酒坊当时的坊主姓名。

中华人民共和国成立后，国家进一步加强了对酒类的生产和销售管理。1956年国家制定商标条例，浙江各主要酿酒厂逐步注重商

---

① 浙江省轻纺工业志编辑委员会编：《浙江省轻工业志》，北京，中华书局出版社，2000，P513。

标设计和注册。绍兴酒厂、东风酒厂、沈永和酒厂等生产的酒出口，统一使用由上海粮油食品进出口公司在香港注册的"塔牌"商标。1965年，国家又对商标条例进行了修订。1971年，绍兴糖业烟酒公司用"鉴湖"牌作为绍兴酒商标。

20世纪70年代末，绍兴酿酒总厂、东风酒厂、沈永和酒厂经国家注册，内销商标统一使用"古越龙山"牌。绍兴酒外销瓶装标贴分为红、黄、蓝、绿四种，分别为元红酒、香雪酒、加饭酒、善酿酒四个品种。

20世纪80年代，乡镇企业兴起，酒厂增多，市场竞争加剧，各地酒厂竞相设计和注册反映本地本厂特色的商标。绍兴市酿酒总公司注册商标为"古越龙山"牌，沈永和酒厂为"沈永和"牌，东风酒厂1984年从绍兴酿酒总厂分出后注册为"会稽山"牌……商标设计水平不断提高，有的还配有防伪标记，以保护自己的品牌。[1]

---

① 浙江省轻纺工业志编辑委员会编:《浙江省轻工业志》，北京，中华书局出版社，2000，P513。

第二章
巴拿马金奖

1915 年，云集酒坊第五代传人周清把祖上传下来的百年陈酿和"云集"小京庄绍兴酒送去美国，参加巴拿马太平洋万国博览会，最后，以卓越的品质为绍兴黄酒获得了历史上第一枚国际金奖。

周清，原名彝圣，字幼山、友山、又山，号越农、鉴农，绍兴东浦东周溇周氏后裔。周清自幼对自然科学抱有浓厚兴趣。16 岁时考中秀才，后赴杭州学习日文及数、理、化课程。23 岁进入北京大学生物系深造，获农学士学位。32 岁返回浙江，任杭州高等师范学校生物教师。后任浙江省立甲种农校校长八年。在京八年间，周清一面读书，一面兼作绍兴酒推销员，通过京杭运河将绍兴酒运到北京，风靡京城。

由于出身酿酒世家，周清从小耳濡目染，深谙绍兴酒酿制的奥秘。1916 年，周清任浙江省立甲种农业专科学校校长，同时兼任农业试验场场长。任职期间，周清积极致力于教育改革，注重理论联系实际，并撰写了《蔬菜园艺学》等书，深受学生欢迎。1919 年，周清参与发起创办了中华农学会。在执教工作之余，还撰写了近代绍兴酒第一本科学专著《绍兴酒酿造法之研究》，书中对绍兴酒的成分、优点以及每一道酿造工艺都作了科学系统的分析，具有很高的学术价值。

周清不但将绍兴酒推销到北京，还致力于包装的创新。"民国三年（1914），绍兴周云集酒坊曾试用 0.5 公斤装玻璃瓶装绍兴酒，灌装 5000 瓶运往北京试销，留下 10 瓶作观察试验，因酒未杀菌，不久混浊变酸而停止瓶装。"①

周清一生，集教育家、实业家、著作家于一身。除对绍兴酒的卓越贡献外，在农业科学上也颇有建树，

周清

培养出了像吴觉农这样的当代"茶圣"。周清生平奉行实业救国宗旨，先后投资云墅公司（分布苏、浙、皖等地）、杭州民生银行、杭州滑艇船业公司、上海德信昌酒店等。晚年应徐柏堂之邀，在绍兴稽山中学任教数年。

吴觉农曾在相关信件中称："周老师是我甲种农校时的老师，毕业时他留我在原校任助教。并由浙江省教育厅选取赴日本的留学生三年。虽然自己努力，但没有周老师的指导帮助必不能成事实。周老师和余姚的陆水范老师同期毕业于北京京师大学堂，陆学化学，周老师学农业。他和陆一起来农校。周老师的《蔬菜园艺学》既从日本书的有次序的教科书形式，又插入中国自己有关

① 浙江省轻纺工业志编辑委员会编：《浙江省轻工业志》，北京，中华书局出版社，2000，P513。

系的蔬菜资料。他和陆老师的深厚的旧学基础，所有讲义都为学生所欢迎。周老师人极忠厚。"

赴美参赛

民国十七年（1928），周清所著《绍兴酒酿造法之研究》一书出版。书的"总论"中，周清开宗明义：

　　绍兴之酒，以东浦为最佳，东浦之酒，销售于京直各省，为中外人士所欣赏不已者，以我坊云集信记为最著。是盖于地理历史，均有关系焉。东浦地傍蠡城，稽山鉴水，灵秀独钟，此地之水质气候，有非他处所能幸获者。

　　顷者，巴拿马运河已通，东西两大陆之海程，缩短至几千百里。文明各国，既竞出其新奇物品，以贡献异邦，则我国发明最早酿造最难效用最多之绍兴酒，安知不为欧美诸国之新饮料，而大加赏美也？清也不才，爰于农校教授之暇，将数十国闻名之浙产，七八载研究所心得者，向海内外大酿造家一请教益焉。

有关参加赛会的物品，书中记载："兹择主要者，拍就写真八纸，绘就图略四纸，制就模型三十余件，与云集绍酒一同赴赛，幸察览焉。"

所谓"主要者"，即为酿酒用的酒具，包括地灶（蒸饭煎酒并用）、瓦缸（浸米酿酒用）、瓦坛（大小四五种，贮酒用）、酒榨（榨取黄酒用）、饭甑、糟甑、铁釜、风箱、木耸、锡制缸底、石磨、榨梯、榨凳、臼杵、竹筛、担桶、旱桶、水桶、扁担、缸索、坛索、畚斗、簸斗、淘镬、锡甑、太壶、斗升、挽斗、水撩、漏斗、

周清《绍兴研究之报告》起载于《浙江农会报》第二期并后

放汤桶、米抽、箕、簟、袋、秤、笭、板盖、缸盖、锹锄、绸袋、牌印、接口、船、竹杠、木楫、木耙等。

为让国外客商更加直观地了解绍兴酒的工艺技术，周清将上面列举的多数工具制成微缩模型，共有 30 余件。"木制模型除锡制缸底系平面物外，其他均按原物之体积缩小 200 倍。"赴赛物品如下：

小京装绍酒 4 坛（绍兴东浦云集信记酒坊牌号）、木制模型 30 余件（名称已列表上）、绍酒研究之报告 4 纸、写真 8 张：

（1）精制白米图；（2）榨取黄酒图；（3）研制绍曲图；（4）洗涤热饭图；（5）蒸摊米饭图；（6）煎灌熟酒图；（7）蒸馏烧酒图；（8）酒樽堆立图

周清《绍兴酒酿造法之研究》一书得到了同学季准平的帮助，季准平给他寄来了云集绍兴酒的分析报告。参加赛会的过程中，还得到了"葆塘、叔循二兄资助一切"。周清虽然懂酒的工艺技术，但自己并不酿酒，故此，这次参赛的酒也是周家祖上陈酿以及兄弟周睦隣所酿"云集信记"牌号，后来传给儿子周善昌，

1951 年被人民政府接收，更名云集酒厂（今会稽山公司前身）。此外，他的好友沈子贞、徐伯竞、余振声等也帮他一起制作酿酒工具模型。

书里另有一篇"附志"，由绍兴酿造界同人余恩绍、陈惠齐等撰写，涉及对周清所著《绍兴酒酿造法之研究》一书的评述如下：

> 周君研究农学，已十余年。酿造一业，尤具心得。民国四年间，为巴拿马赛会，所著《绍兴酒研究之报告》[①]一书。于绍酒优点，及酿造法等，言之甚详。日人双木生，译载支那杂志中。农商部委员孙君，来绍兴调查酒类，亦嘉纳焉。

《绍兴酒酿造法之研究》一书出版后，不仅有日本人将之翻译为日文，还得到了来绍考察的农商部一位姓孙官员的好评。

据 1917 年 2 月陈琪编撰的《我国参与巴拿马太平洋万国博览会纪实》一书记载，巴拿马博览会的奖项共设六等，即：

一等奖：（甲）大奖章

二等奖：（乙）名誉奖章

三等奖：（丙）奖词

四等奖：（丁）金牌奖章

五等奖：（戊）银牌奖章

六等奖：（己）铜牌奖章

其中，云集酒坊选送的产品所获奖项为"四等奖：（丁）金牌奖章"。

据此可知，《绍兴县志》记述获"一等奖章"说法与史实不符。

---

① 《浙江省农会报》第二期　周清《绍兴酒研究之报告》。

1914 年 7 月 14 日，中国馆奠基仪式

但云集酒坊参加 1915 年美国巴拿马太平洋万国博览会一事毋庸置疑。

《绍兴县志》"第二节 品种"载："善酿酒 民国四年（1915）美国巴拿马万国博览会获一等奖章。"

"善酿酒"为当下绍兴酒四大代表品种之一。历史上也早有记载。但 1915 年周清送展的"小京装绍酒 4 坛"是否均为"善酿"，抑或包括"善酿""加饭"等品种，尚有待进一步考证。

赛会背景

"巴拿马万国博览会"全称为"1915 年巴拿马太平洋万国博览会"，系美国为庆祝巴拿马运河开凿通航而举办的庆典活动。

1912 年 2 月，美国政府宣布，为庆贺巴拿马运河即将开通（巴拿马运河区当时由美国统治），定于 1915 年 2 月在美国西海岸的旧金山市举办"巴拿马太平洋万国博览会"，并欢迎各国参加展会。中国等 41 个国家应邀参展。

1914 年，刚成立不久的北京袁世凯政府受到美国邀请，虽然当时的中国百废待兴、政局动荡，但北洋政府对"巴拿马万国博览会"给予了高度重视，并将此事作为中国走向国际舞台的一件大事，成立农商部全权办理此事，专门成立筹备巴拿马赛会事务局，委任曾任南洋劝业会会办的浙江青田阜山人陈琪为赴美赛会监督兼筹备巴拿马赛会事务局局长。

值得一提的是，鲁迅也参与了巴拿马赛会展品的征集工作。

1914年1月23日《鲁迅日记》："夜绍人沈稚香、陈东皋来，持二弟书，十八日写。"沈稚香系绍兴沈通美酱园创始人沈醒斋老板后裔。据沈云，当时询问其绍兴酒坊、酱油情况，为以后即6月2日与陈师曾商讨赴"巴拿马太平洋博览会参展产品"提供了信息。这段日记记述，鲁迅先生等早在"筹备巴拿马赛会事务局"成立前就十分关心中国参展品的展饰，也为绍兴酒参展万国博览会提供了依据。当时，鲁迅在京教育部工作，常与陈师曾、钱稻孙、许季市等来往，互相探讨学术。

1914年12月，招待中国代表团的宴会

1915 年，美国巴拿马万国博览会

　　另据《鲁迅日记》"甲寅日记"记述："六月二日，微雨，上午晴，与陈师曾就展览会诸品物选出可赴巴拿马饰之，尽一日，下午雨。"据载，此次选拔，共得精品 104 种共 125 件之多。[①]

　　1914 年 12 月 6 日，中国参与巴拿马赛会的赴美人员从上海出发，启程赴美，12 月 28 日抵达旧金山。

　　1915 年 1 月，中国参展的展品也通过美国太平洋邮船公司船只从上海装运，陆续到达美国旧金山博览会展馆。中国馆的场馆面积为 5 万平方英尺（相当于 5400 平方米）。为实现良好的展陈效果，陈琪和工作人员精心设计，将中国展品分设 9 个陈列馆展出。同时，仿照中国传统宫廷建筑风格搭建了中华政府馆，包括正馆、东西偏馆、亭、塔、牌楼六个部分。作为首次参展国际博览会，中国在世界舞台的第一次亮相便引来国际上的广泛关注。

　　1915 年 2 月 20 日，巴拿马万国博览会在旧金山正式开幕。第一天参观人数即超过 20 万人次。当天前来中国馆参观的人数

---

　　①《图说 1915 巴拿马赛会　光耀世博史的中国篇章》，王勇则著，2010 年 7 月，上海远东出版社，第 117 页。

超过 8 万人，包括美国总统、副总统、前总统，以及各部门高级官员。

3 月 25 日，美国副总统马沙代表总统威尔逊莅临中国馆。5 月，博览会进入高潮。大会成立高级评审委员会，由美国派人担任会长和副会长，秘书长分别由美国、澳大利亚、阿根廷、荷兰、日本、古巴、乌拉圭、中国代表担任。大会成立了来自世界各国科学、艺术、工商界的 500 人组成的评审团，中国有 16 人参加。8 月，评审工作接近尾声，并出台获奖结果。

巴拿马赛会的奖项从高到低共分 6 个评级：

大奖（荣誉奖中的最佳者）、荣誉奖（也称名誉奖，95 分以上）、金奖（85 分以上）、银奖（75 分以上）、铜奖（60 分以上）、鼓励奖（入围赛品，无奖牌，有奖状）。赛会期间，共颁发奖项 25527 个，每个获奖赛品和获奖者均颁发证书。其中，获铜奖以上者同时获颁奖牌（也称奖章），共计 20344 块。[1]

1915 年 12 月 4 日展会闭幕，历时 9 个半月的巴拿马万国博览会降下帷幕。

1915 年，巴拿马（万国博览会）金奖（正反面）

---

[1]《图说 1915 巴拿马赛会　光耀世博史的中国篇章》，王勇则著，2010 年 7 月，上海远东出版社，第 214 页。

本次博览会后，中国出口大幅度增加。1917年2月，陈琪主编的《我国参与巴拿马太平洋博览会纪实》一书出版，该书系统、详细、真实地记录了中国产品参赛全过程。

展会评出各种大奖74项，中国获金牌、银牌、铜牌、名誉奖章、奖状等各类奖牌1200余枚，在参展国中独占鳌头。获奖产品以农副食用产品居多，其中酒类产品占46个。云集酒坊选送的绍兴酒获金牌奖章。

1915年的巴拿马太平洋万国博览会，不仅为当时政府展示新国家形象，促进商贸合作提供了良机，也为众多国货走出国门，赢得世界声誉提供了良机。

行文至此，笔者想特别说明的是：

无论市、区史志，抑或省级通志，均以无可辩驳的事实证明：唯有传承了"云集酒坊"全部历史文化基因、酿艺，与"云集酒坊"一脉相承的会稽山绍兴酒股份有限公司出品的绍兴酒，才是1915年巴拿马万国博览会金奖的荣誉归属者。其他非会稽山公司出品的任何黄酒，即使拥有了某些与云集酒坊历史文化基因相关的元素，也并不能证明和1915年的巴拿马金奖有任何关联，对此，请读者诸君明辨之。

第三章

云集"亨记"

1956 年 3 月 29 日《地方国营绍兴县云集酒厂历史概况、生产情况简报及今后远景规划》一文记载:"本厂原是已伏法之反革命分子周善昌前辈于民国二十七年（1938）间在绍兴东浦所创设,至 1951 年底由政府接收,转为'地方国营云集酒厂'。"

由此可知,云集酒厂脱胎于周善昌经营的"云集亨记酒坊"。

周善昌,1909 年生,富有经营头脑,接手云集酒坊后,从年酿酒 300 缸,发展到 500 缸,至解放前夕云集酒坊年酿酒量为 1000 多缸,成为东浦酿酒大户。他还与人合资在苏州开设"同康"酒坊。[1]民国二十四年（1935）,周善昌任东合南乡乡公所副乡长。[2]

作为云集酒坊的第六代传人,周善昌不但继承了其父周睦隣经营的"周云集信记酒坊"（镇志记载另有"昌记"一说）,还将其叔伯经营的周云集"元记""利记""员记"等酒坊都归属到了自己名下,随后自创"亨记"牌号。但其酿酒的技艺和手法均源自于

---

①《东浦镇志》第 276 页,东浦镇志编委会编,1998 年 3 月。
②《东浦镇志》第 440 页,东浦镇志编委会编,1998 年 3 月。

周善昌妻曹慕兰（存会稽山公司档案室）

"云集"祖上近200年的历史和技艺传承，可谓是一脉相承。

抗战时期，由于连年兵灾战祸，农业歉收，民不聊生，绍兴酿酒业遭到严重摧残，多年存酒被洗劫一空，加上国民党政府的苛捐杂税，许多酿坊纷纷关闭停业，逃迁外地的酿酒作坊和避难者甚多，如后来的苏州、芜湖、杭州、宁波等地的仿绍酒，大多系绍兴人扩散开办。1944年，绍兴全县产酒降至2000吨以下的"低谷"，绍兴酒业元气大伤，凋敝不堪，濒临苟延残喘的局面。

然而，由于周家有祖上的积累，"云集"并未倒下或消亡，处此厄运逆境中的周善昌经营的"周云集亨记"酒坊，虽历经战争浩劫，但凭借其灵活而独特的经营方式，得以幸存并发迹。其时，"云集"虽然自酿酒仅五六百缸，但通过独创的"搭酒"经营方式吸引邻近酿坊酿户合力过关，解决了产能不足的问题，发家致富。

所谓"搭酒"，即采用由酒坊统一提供酿酒用的糯米，经各合伙的酿户加工，次年春季酿成酒后，周善昌和酿酒师傅逐一上门品尝，凡符合要求者由他盖上"云集"牌号统一经销。由于经营模式合理，双赢互利，加入"搭酒"的酿户众多，产酒多达数百缸，周善昌也借此快速提升了产能，扩大了规模，拥有了更多资本积累，成为远近闻名独占鳌头的大酒坊。加之周善昌为人精明，善于勾结奉迎，和当地的国民党政府官员来往密切。加之其在乡间民里乐善好施，被推举为全国酿酒业中唯一的县参议员（相当于现在的政协委员），直至绍兴解放。同时，还在全国各地开设了不少牌号的酒店。[①]

据《东浦镇志》记载，民国三十五年（1946）7 月 24 日，绍兴县酿酒业同业公会在绍兴商会大礼堂召开第一次成立大会，周善昌（云集酒坊）当选常务理事。

绍兴解放后，人民政府在东浦进行"土地改革"试点，周善昌被划为反动资本家并涉嫌反革命罪，1950 年 4 月在当地被镇压。

---

① 绍兴东风酒厂庆祝中华人民共和国建国 40 周年厂史资料，1989 年。

第四章

荣膺国宴

　　1949 年 10 月 1 日，中华人民共和国成立。当晚，北京饭店承办了新中国的第一次国宴。开国大典之夜，中共中央领导人、中国人民解放军高级将领、各民主党派和无党派民主人士、社会各界知名人士、国民党军队的起义将领、少数民族代表，还有工人、农民、解放军代表，共 600 多人出席了在北京饭店举办的新中国第一次国宴，总共 60 多桌，此次宴会后来被称为"开国第一宴"。

　　作为中国黄酒的杰出代表，明清时期畅行天下的绍兴酒，有没有出现在共和国"开国第一宴"上，一直是大家关心的问题。

　　据杜忠明著《餐桌上的毛泽东》一书记载，开国大典后的宴会上确实上了绍兴酒。

　　一直以来，人们对国宴都抱有强烈的好奇心。中华人民共和国成立后的第一次国宴于 1949 年 10 月 1 日下午举办，周恩来、朱德、刘少奇等国家领导人与大家一起从天安门广场来到北京饭店，出席新中国成立后的"开国第一宴"，当时，来自社会各界的代表和国外来宾六百余人有幸参加了此次开国第一宴，所以习惯上将此次宴会也称为国宴。

在开国大典前的一些日子里，不仅会议很多，宴会也很多。为此，食物要甄别有无毒性，为了安全起见后来还专门成立了检验室，当时王鹤滨被公安部任命为检验室主任。检验室的任务主要是保证食品的卫生、无毒，每次会前都必须进行检验，以保障中央领导、各民主党派的首脑人物以及全国各地、各阶层、各民族集中到北京来的知名人士和代表们的安全。

那一天，修葺一新的怀仁堂古色古香，中南海里熙熙攘攘、车水马龙，好一派令人沉醉的喜庆场面，人们的脸上都充满着洋洋喜气。怀仁堂大厅里摆好了宴会的餐桌，一瓶一瓶的中国名酒，茅台白酒和通化红葡萄酒、绍兴老酒……都已摆放在餐桌的一角，正等待着招待嘉宾；有的已经打开了瓶盖，浓郁的酒香随着人员的流动，向代表和客人们袭

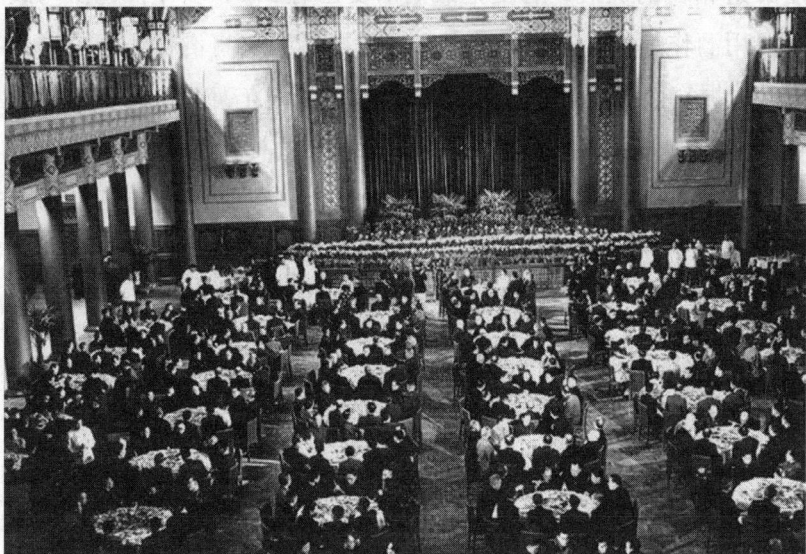

1949年，开国第一宴

来，连人们的衣物也都被美酒熏香了……①

另据相关资料显示，开国宴会采用的是淮扬菜，包括红烧鱼翅、烧四宝、干焖大虾、烧鸡块、鲜蘑菜心、红扒鸭、红烧鲤鱼、红烧狮子头八道热菜，以及酥烤鲫鱼、油淋仔鸡、炝黄瓜条、水晶肴肉、虾籽冬笋、拆骨鹅掌、香麻海蜇、腐乳醉虾八道冷菜。此外，还有菜肉烧麦、淮扬春卷、豆沙包子和千层油糕四道点心。

绍兴酒何以能入席国宴？

中国的黄酒有很多，知名的如绍兴黄酒、即墨老酒、福建老酒、丹阳封缸酒、金华寿生酒、广东珍珠红酒、九江封缸酒等，如此众多的黄酒中，被国内酿酒界公认、最受国内外市场欢迎、最能代表中国黄酒总体特色的，却非绍兴酒莫属！

绍兴黄酒历史悠久，品质卓著。早在春秋战国时期，绍兴就能酿造精良的美酒，有史记载的历史已有 2500 多年，越王勾践不但用酒作为奖励生育的奖品，还投醪劳师，将酒倒入河中犒劳士兵，振奋士气，最后一举灭吴，成就了一方霸业。清代乾隆皇帝不但多次品饮绍兴酒，还御赐"金爵"商标以示奖赏。

绍兴黄酒技艺精湛，工艺独特。"绍兴黄酒酿制技艺"为首批国家级非物质文化遗产保护项目，工序繁多，技艺独特，历史内涵丰富。其独特的酒体品质令中外友人和文人学士为之沉醉倾倒，被誉为"东方明珠之冠"。

明清时期，绍兴酒已远销海外，畅行天下。《绍兴县志》记载：

---

① 《餐桌上的毛泽东》，杜忠明著，辽宁人民出版社，2018 年 7 月第 1 版，第 111 到 112 页。

"宋，销售大江南北；明，名闻全国，远销海外。清乾隆、嘉庆时，绍酒西至甘陇、新疆，东及琉球、台湾。'贩运竟遍寰区'，'沉酣遍于九垓'（清梁章钜《浪迹续谈》、陶元藻《广会稽风俗赋》）。道光二十二年（1842）五口通商时，章东明酒坊年酿 6000—7000 缸，销往香港、新加坡；田德润酒坊 30 公斤装加饭酒运销俄国；云集酒坊之酒运销东南亚。1894 年前，台湾曾是绍酒最大市场，阮社诸楚和等酿坊，年销台湾之酒占产量 30%。"

清代，康熙《会稽县志》有"越酒行天下"之说。童岳荐编撰《调鼎集》记载：

> 缘天下之酒，有灰者甚多，饮之令人发渴，而绍酒独无；天下之酒甜者居多，饮之令人体中满闷，而绍酒之性芳香醇烈，走而不守，故嗜之者以为上品，非私评也。

清代梁章钜《浪迹续谈》也记载："今绍兴酒通行海内，可谓酒之正宗，……至酒之通行，则实无他酒足以相抗。"清代诗人袁枚在《随园食单》中赞美："绍兴酒如清官廉吏，不参一毫假而其味方真，又如名士耆英，长留人间，阅尽世故而其质愈厚。"

民国初期，绍兴酒扬名世界，畅销京津。《绍兴酒酿造法之研究》一书记载，民国时期，云集绍兴酒已畅销京城。

> 大凡绍兴酒行销愈远者，其质愈佳，而尤以销售于北京者为最善。北京为国都所在，中外商贾云集于此。竞争激烈，适者能存。吾浙名产，赴此销售者，以绸缎和绍酒两项为最著。
>
> 查绍酒之销售于北京者，至今已不过二三坊家，吾云集信记之酒，京都人士所争先购买者焉。

即使像瑞昌通、三益等干果铺，杏花春、斌升楼等饭菜铺，泰源、玉源、庆昌等黄铺酒，凡开设于京津市街寄售绍酒的地方，没有一家不销售云集绍兴酒的。

兹列举云集酒坊在北京的发行所及寄售处如下：

云集信记绍兴酒	地点	牌号	经理人
总发行所	绍兴东浦	云集信记酒坊	周睦隣
南省分售所	上海抛球场	德信昌酒栈	周耆昌
寄售所	广东毫半街	大兴号	李兰芳
北京分售所	北京延寿寺街	京兆荣酒局	潘寿泉
寄售所	天津侯家后	德润培酒局	沈和轩
寄售所	北京巾帽胡同	玉盛酒栈	杨华堂
寄售所	北京煤市街	复生酒栈	杨紫华
寄售所	北京杨梅竹斜街	源利酒栈	尹寿安

由此可知，是历史、技艺和文化成就了绍兴酒的卓越品质，成就了绍兴酒入席国宴的资历和资格。

返观县志提及的几大酒坊，像"章东明""田德润"早已不复存在，唯有云集酒坊，历经三个世纪，沧桑巨变，依然基业长青。

开国大典后国宴用的是哪家绍兴酒

前文已述，开国大典时间为 1949 年 10 月 1 日。而绍兴酒从酿造灌坛至饮用最少需一年以上陈贮期，用于国宴的酒品质要求更高，最少陈贮期得在三年以上。据此推算，开国大典后国宴所用绍兴酒必定来自 1945 年（最迟 1947 年）之前已在绍兴本地有酿酒基地，在京城又有影响的绍兴酿酒坊。

其时，国家尚未进行公私合营，所有在京销售的绍兴酒皆由私营作坊酿制。唯有在1947年前在京城、乃至全国有影响的酒坊，才有入席国宴用酒的可能。

查《绍兴县志》《绍兴市志》等文献史料，1949年，除"会稽山"前身"云集酒坊"酿制的老酒已在京城乃至全国具有相当影响外，现存其他黄酒品牌要么尚未创立，要么没有在京和全国销售的史实佐证。

据《绍兴县志》的记载：

> 民国三十六年（1947），（绍兴）酿户6633家，三十七年5687家，三十八年（1949）减至1362家。50年代，酒坊酿户变动极大。

又载：

> 光绪二十六年（1900）始，东浦云集酒坊（现会稽山绍兴酒股份有限公司），在上海抛球场设德信昌酒栈为南省分售所；在广州毫半街设大兴号寄售所；在天津侯家后设德顺培酒局寄售所；在北京延寿寺街设京兆荣酒局北京分售所，又在巾帽胡同玉盛酒栈、煤市街复生酒栈、杨梅竹斜街源利酒栈，各设绍酒寄售所。京津市街酒店菜馆干果铺，多寄售云集绍酒。

1900年，中华人民共和国成立49年前，云集酒坊的老酒就畅销上海、广州、天津和北京，并到了"京津市街酒店菜馆干果铺，多寄售云集绍酒"的程度，成为当时京城名流雅士、达官商贾最喜欢喝的绍兴酒品牌。

综上，1949年入席开国大典国宴的绍兴酒，除了会稽山公司的前身云集酒坊，放眼绍兴黄酒已找不出第二家可以和云集酒坊相媲美的酒坊。

第五章
地方国营

1949 年 5 月 7 日，绍兴县解放。5 月 22 日，绍兴全境解放。

随后，人民政府在东浦进行"土地改革"试点，云集酒坊坊主周善昌被划为反动资本家并涉嫌反革命罪，1950 年 4 月在当地被镇压。

1951 年 12 月 12 日，云集酒坊被绍兴公股公产清理小组接收，改名为"绍兴县公营云集酒厂"。由当时箍桶工出身的赏浜乡乡长陈德昌，代表人民政府接收了这家当时价值 7982.57 万元（旧币）资产的周云集（亨记）酒坊，成为当时全县酿酒行业中第一家地方国营酒厂。陈德昌任地方国营云集酒厂第一任副厂长（不设厂长），主持工厂日常工作，会计马关清。当时职工仅 20 来人，酿酒 800 缸左右。

接收后，为加强生产技术管理，经与东浦酒类专卖局主任李

陈德昌

本源商定，从开明绅士沈雨均的沈裕华酒坊中，抽调了能管善酿的王阿牛、沈锡荣两人到云集酒厂。王阿牛任车间管理员，沈锡荣协助陈德昌开展工作。

据现存会稽山公司的档案资料：

1951 年，云集酒厂由专卖公司管理，1953 年移交工业部门，改为"地方公营云集酒厂"。

1951 年，全厂尚有 6 年至 15 年以上的各种品种陈酒59076 斤，其中有贮存百余年的。

由于原周云集亨记酒坊厂基不大，难以扩大规模，加上次年大旱，东浦河江较小，导致酿酒用水运载困难，便酝酿迁址。后经与柯桥酒类专卖局主任陆先金周旋，前往水质较好的湖塘选址，最后选定湖塘七尺庙附近原章国俊、章国伟经营的章氏酒坊闲置厂房场地，得到湖塘乡乡长叶阿金支持，无租息借用厂房 10 年。

1952 年冬酿，酒厂边搬迁边生产，当年生产黄酒 1932 吨，白酒 282 吨，产值 120 万元，利润 13.92 万元。

1953 年年初，上级委派绍兴县供销社经理王荣生任厂长，陈德昌任副厂长，生产股长沈锡荣调离云集酒厂，转而从事行业公私合营工作，后任公私合营皋埠酒厂厂长。

由于村民无理取闹与厂方产生纠纷，王荣生上任不到一年，1953 年下半年，上级调绍兴麻厂王彦明任厂长。其时，工厂年产黄酒 2358.39 吨，白酒 489.9 吨，产值 155.13 万元，利润 11.8 万元。但因湖塘厂址较小，离杭绍公路较远，工人上下班及货物运输均不方便，迁址事宜再次提上日程。并选定阮社东江为新厂址。

阮社，既是绍兴著名的酒乡，也是历史上"竹林七贤"阮籍结社之地。

据厂史记载：1954年1月，经与阮社乡乡长章阿科商定，云集酒厂在阮社詹家湾"孝记"酿坊坊址开办了白酒车间。5月，又在东江东岸的角尺型转弯汇头"张记"作坊（内居七户人家）开办黄酒车间。

1954年，云集酒厂迁址阮社，经过54年基本建设和厂址改造，东江定为总厂。湖塘和詹家湾定为两个分厂。同年，成立了党支部和工会。其时，有职工114人，王彦明任厂长，陈德昌任副厂长，卢继范任书记，王阿牛为首届工会主席，1956年6月改任副厂长。朱金香接任工会主席。同年，应上级要求，云集酒厂抽调20名技工，赴嘉兴酒厂协助培养工人，建设酒厂。是年，云集酒厂有资金2182735655元（当时币值，折合现值约218273.57元），其中，固定资产368221746元（当时币值，折

绍兴国营云集酒厂

合现值约 36822.17 元），有流动资金 1814513909 元（当时币值，折合现值约 181451.39 元），生产黄酒 2358.39 吨，其中黄酒 2339.73 吨、香雪酒 18.66 吨，白酒（以酒精度 50%vol 计）490.20 吨，产值 1551.38 千元。有工人 114 人（年底在册人员 123 人，其中职员 23 人、生产工人 90 人，警卫、闲杂人员 5 人、非生产人员 1 人），实现利润 118744 元；投资 38313 元，完成建筑面积 1400 平方米。下设东江、湖塘、詹家湾三个车间，包括黄酒生产大组三个，白酒生产小组四个。也是在这一年，私方代表王志香联合全区 103 户私营专酿户成立"柯桥合营酒厂"，与当时地处湖塘的云集酒厂规模大体相当，年产酒 1.1 万余缸，由专酿户选举产生的资方人员王志香任首任厂长。

1954 年至 1956 年，地方国营云集酒厂由浙江省人民政府工业厅管辖，浙江省人民政府宁波区专员公署工业部代管。1955 年，绍兴有国营酒厂 2 家，私营酒厂 14 家，私私联营酒厂 5 家。

1955 年至 1957 年 3 月间，云集酒厂进入稳定发展时期。1957 年，黄酒产量达 4264.17 吨，白酒 479.77 吨，实现产值 323.05 万元，创造利润 19.95 万元。1955 年，地方国营云集酒厂已开始生产瓶装香雪酒，从地方国营浙江玻璃厂定制购入玻璃瓶。

1956 年，国家决定发展绍兴酒，投资 70 多万元，征地 70 亩，向东边江头和南首延伸扩展。与此同时，云集酒厂在湖塘逐步缩减，在东江湖畔日益壮大，呈现出一派全新景象。当年生产黄酒 2745.64 吨，白酒 539.12 吨，实现产值 184.93 万元。

1956 年 3 月 29 日《地方国营绍兴县云集酒厂历史概况、生产情况简报及今后远景规划》记载：

> 本厂所产黄酒，一直来为绍酒中最负盛誉之名牌货，除遍销国内各大城市外，更畅销香港、南洋群岛、日本等广大

云集酒坊账册（1951年）

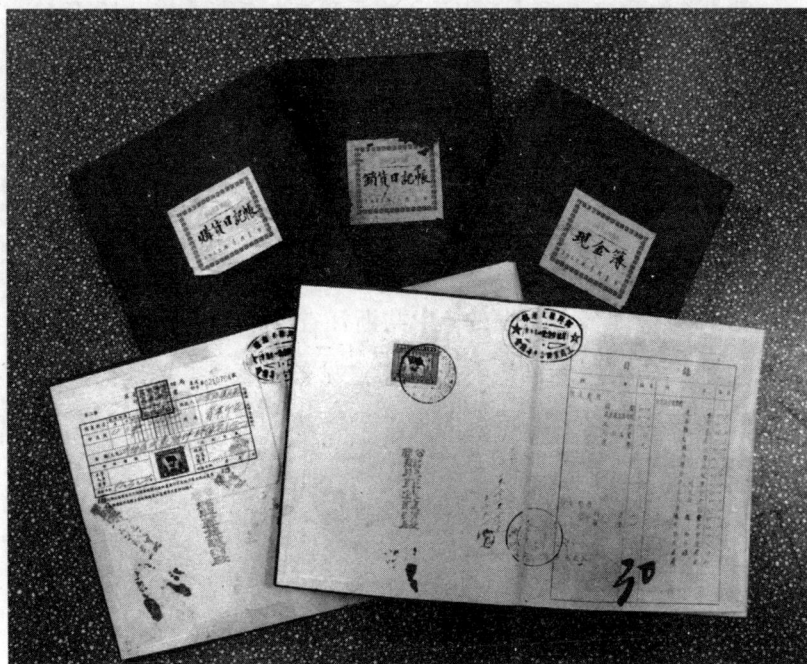

云集酒坊账册（1951年）

国外市场，总之"云集"之酒自创设迄今百余年中，根据一贯之论，曾全盛不衰，此酒之所以较一般绍酒更为出名，具有以下特点：

一、厂址地处鉴湖，水源清澈且含矿物质，此水最宜酿造醇厚美酒；

二、选料讲究，必用精白无杂质之糯米，促成糖化发酵均匀完全；

三、技工技术高，操作方法独具心得，质量有保证，同时曾在每缸酒中放香雪15斤，故香味较其他酒独特。

四、产品规格多，如加饭酒即花雕，酒放酒的"善酿"，烧酒放的"香雪"，同时，色、香、味酒配制得法，迎合消费者口味；

五、不卖当年新酒，最短销售三年陈，一般储五年，年代长的竟有十年、二十年，本厂现有4年陈香雪、10年陈善酿、20年陈大花雕。所以销售之酒类均能达到"酿得好""储得陈"，所谓"越陈越香""越名贵"。

19世纪50年代云集酒厂曾生产过元红、真元红、加饭、善酿、竹叶青、香雪、福橘等花色露酒等产品。

1956年9月6日下发的《中共浙江省委批转省工业厅党组关于保持和提高绍兴老酒原有优点的意见》中有《绍兴云集酒厂关于恢复和发扬绍兴老酒特色的报告》全文。

文中记载：

我厂（指云集酒厂）创始于1743年，最高年产量约20万斤。云集老酒在市场上享有很高声誉。品种计有善酿、香雪、方映、状元红、竹叶青、福橘酒、鲫鱼酒、花红酒等十数种，酒味醇和，香味特异，为饮料之上品，历年来旺销于香港、日本、马来亚以及京、津、粤等地，一贯声誉盛载。"状元红"是黄酒略加糖色，为日常最普通也是销售最多之绍酒。"善酿"则以陈元红为水复制酿成，色如葡萄，酸度较高，味可口适中。"香雪"则以70度烧酒为水酿成，醇度达22.5度，香甜和醇，既有绍酒风味，又无白酒之刺激性。其他如福橘酒、鲫鱼酒、花红酒等均是陈元红酒，加工精制，独具风味，能够适合市场上各种不同消费者的口味和需要。

文中还提到：

> 大户私商均在年前预约，定货数千坛不等。上海同顺兴、天津长兴酒店以专卖云集绍酒出名。特别是陈德意、徐金宝二工人所酿黄酒更是出名，消费者一致反映他们酿的酒香气足、酒质厚、藏得长。解放后专卖公司统一专卖后，外地仍有来信要买云集酒。天津各地区指定坛外如印有德意制、进宝制图记，每坛价格愿多出四、五元。

足见当时的云集酒品质之优良。

随后，云集酒厂以过硬的技术、独特的风味在绍兴当地百姓中树立了口碑，喝云集酒成为绍兴人约定俗成的风俗。后来，则变成了喝东风酒和会稽山绍兴酒。"会稽山，绍兴人最爱喝的绍兴黄酒"的坊间故事便由此而来。

1956年下半年，随着全国公私合营的合作化高潮，私私联营的"皋埠"以及孙端"越兴""齐贤"等三家酒厂相继并入柯桥合营酒厂，更名为"公私合营柯桥酒厂"，由沈锡荣任厂长，杜阿利任书记，王志香改任副厂长，周和生任工会主席。鉴于"云

杜阿利

集""柯桥"两厂职工上下班工作均感不便，经上级同意，相互对调厂址。后因国家三年困难时期，进一步收缩精减，撤销了柯桥酒厂。该厂的部分领导和技术骨干相继调入云集酒厂。

1957年，国家拨出大批专款扩建厂房，并批准扩大到300亩厂基规模。当年，酒厂又建了3幢仓库。仓库建造由时任副厂长陈德昌负责，由于仓库较多，由杨西泽担任仓库主任负责看管。同年，为加强领导力量，经绍兴县委研究，时任县委工业部部长刘金柱调任云集酒厂党支部书记。1958年"大跃进"时期，云集酒厂持续增产增值，厂基规模扩展到300亩。

1959年，为发展绍兴酿酒事业，加强行业管理，绍兴县委决定将六家酒厂和一家坛厂，联合组建绍兴鉴湖长春酒厂，刘金柱任党委书记，亓辛任厂长，沈锡荣、陈德昌、王阿牛任副厂长。王彦明调任县工业局局长。云集酒厂更名为"绍兴鉴湖长春酒厂二车间"，王阿牛兼任车间党支部书记，沈阿华任车间主任，王金华任车间工会主席。同年，酒厂党组织升格为党总支。

一年后，为进一步加强并完善经济核算，1960年，长春酒厂更名为绍兴县鉴湖酿酒公司，撤销车间，恢复云集酒厂，实行经济独立核算。由此激发了职工工作热情，产量业绩大增，成为建厂以来创历史的年代。是年，产黄酒16967.82吨，白酒679.15吨，实现产值1147.16万元，创利润61.4万元。企业有基本职工 142 人，季节工 316 人。1959 年，云集酒厂被全国群英会评为轻工业系统先进集体，王阿牛被评为全国轻工业先进生产工作者。

　　1962 年至 1977 年，云集酒厂同样受到三年困难时期的影响以及十年"文革"动乱的干扰。20 世纪 60 年代初，绍兴在原六家国营酒厂中经合并精简，保留了绍兴、云集、沈永和三家酒厂。1966 年 12 月 9 日，绍兴县人民委员会发布工字第 151 号文《绍兴县人民委员会关于更改部分厂名的通知》，正式决定将原地方国营绍兴云集酒厂更名为"地方国营绍兴东风酒厂"。1967 年 4 月，"绍兴东风酒厂"正式挂牌。其时，黄酒产量在 5525.25 吨（1966年）至 7414.82 吨（1977 年）之间，白酒产量在 391.74 吨（1967年）至 894.48 吨（1971 年）之间，工业总产值在 389.49 万元（1967年）至 611.49 万元（1974 年）之间，利润在 11.58 万元（1965 年）

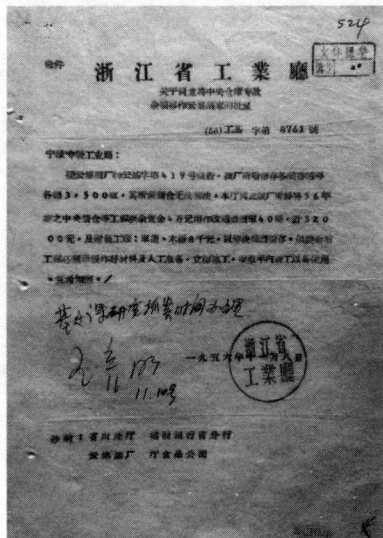

会稽山公司存 1956 年陈贮中央仓库证明"关于同意将中央仓库专款余额移作云集酒库的批复"

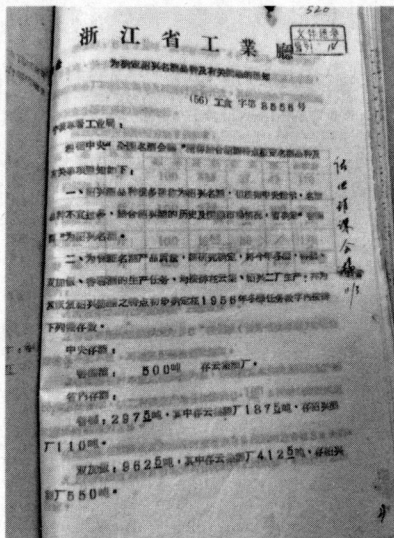

为确定绍兴名酒品种及有关问题的通知（1956）

至 34.57 万元（1972 年）之间，职工人数为 168—200 人。

1973 年，上级决定组建"绍兴酿酒总厂"，下设绍酒直属车间和东风、东方红两个分厂，总厂党委书记沈锡荣兼任东风分厂支部书记，王阿牛为常任支部副书记，王水林、任中华先后当选工会主席，副厂长鲁吉生负责生产。

第六章
"八大"名酒

中华人民共和国成立以后，百业待兴。

1952 年，为提高酒类产品质量，推动酿酒产业发展，中国专卖事业公司决定在全国开展一次酒类质量检评活动，史称"第一届全国评酒会"。

首届评酒会由周恩来总理亲自批准，并嘱咐一定要认真组织，严格把关，评出好酒。"周总理生前举行宴会时第一杯是用绍兴酒招待。为了扩大生产，周总理还在解放初期曾拨款 400 万元扩大酒厂，以延长贮存期，提高黄酒质量"。[①]

"八大名酒"产生的前前后后

负责第一届全国评酒会样品检测工作的我国已故著名酒类专家王秋芳曾专门撰文回忆当时的情景。

其时，中国专卖事业总公司尚未成立。酒类专卖由财税部门

---

① 朱梅：古今酒事（十三）"中外驰名的绍兴酒"，《酿酒》.1985 年（3–4）. 第77–79 页。

管理，中央税务总局管酒，各大区成立酒类专卖公司，华北大区的酒类专卖公司代行中央职责。于是，借助财政部中央税务总局下属华北酒类专卖公司召开全国酒类专卖会议的契机，由参加会议的各地区酒类专卖干部携带酒样，在会议后期进行评酒。评选结果计划在 1952 年四季度产生，1953 年正式对外公布。

当时，国内行政管理以大区区划为主，分为华北区、东北区、西南区、西北区等，遂要求各大区甄选本区酒类产品汇集北京。

1952 年 9 月，由中国专卖实业总公司主持的全国第一届评酒会拉开帷幕。这是有史以来第一次全国性的评酒会，全国数以万计的酒厂、公司选送了产品酒样。汇集的样品共有 103 种，其中白酒 19 种，葡萄酒 16 种，白兰地 9 种，配制酒 28 种，杂酒 24 种，药酒 7 种，有些区没有选送样品。

随后，中国专卖事业公司根据北京酒业和酒企的情况，委托当时的"北京东郊酿造厂"（原"华北酒业专卖公司试验厂"，红星酒厂前身）负责承办。同时，委派酿酒专家朱梅领导此项工作。东郊酿造厂指派厂研究室的王秋芳、辛海庭、马占文、王明爱等四位技术骨干参与此项工作。[①]

朱梅（1909—1991），时任华北酒类专卖公司工程师，由他负责当时酒样的分析测试工作，后来撰写了"八大名酒产生的前前后后"[②] 一文。朱梅是著名的酿酒专家，高级工程师，我国现代酿酒事业的开拓者和引领者，为我国酿酒事业的发展献出了毕生精力。

根据朱梅的记载，1952 年中国专卖事业总公司拟在北京召

① 王秋芳：追忆首届八大名酒的诞生．《华夏酒报》，2012.1.3，A16。
② 朱梅：古今酒事（十）"八大名酒产生的前前后后"，1985 年 第 1 期《酿酒》第65—67 页。

正在进行检验工作的王秋芳（转自 1952 年 11 月号《人民画报》）

开全国专卖会议，负责筹备会议的崔文林同志告诉他，公司打算评出几个名酒来，并让他负责，同时由专卖总公司通知全国的酒厂把酒样送到北京。

我们评出来的酒的分析资料及对酒提出的意见送交全国专卖会议。这八个酒在全国专卖会议上经过审查一致通过，定为八大名酒。这八个酒是茅台酒、泸州大曲酒、汾酒、西凤酒、绍兴加饭酒、张裕金奖白兰地、红玫瑰葡萄酒和味美思酒。

文中，朱梅还特别指出：

这些酒的特点是：一是过去都曾在 1915 年巴拿马赛会获得过金质奖章，并在国内外获得多种奖章；二是在八个酒中，每种酒都有它独特的风格。

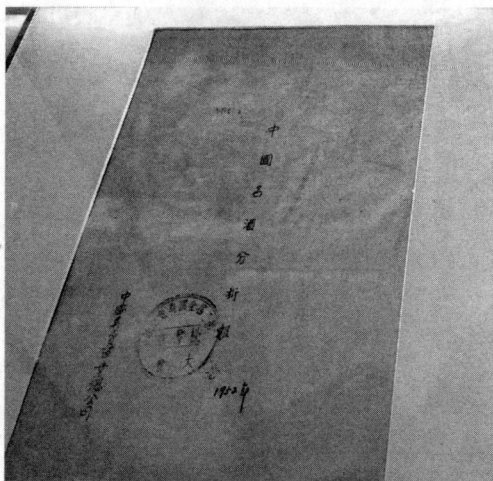

1952年，王秋芳执笔的《中国名酒分析报告》

根据朱梅他们对获奖酒的特点的描述要求，"八大名酒"获奖绍兴酒出自云集酒厂的概率极高。因为，只有云集酒厂前身云集酒坊的绍兴酒获得过1915年巴拿马万国博览会金奖①。(详见第二章"异域夺金")。

对此，《绍兴县志》亦可佐证："民国四年（1915），在美国旧金山举办的巴拿马太平洋万国博览会，东浦云集信记之周清酒获首枚国际金牌奖章。"②

绍兴酒入选"八大名酒"之列

根据王秋芳的记述，参评"八大名酒"的酒样分析工作从

---

①《浙江通志》编纂委员会编，浙江科学技术出版社，《浙江通志·食品工业志》第四十六卷，2021年10月第一版，第183页、第204页。
②绍兴县地方志编纂委员会编：《绍兴县志》，北京，中华书局出版社，1999，P1009。

1952 年 7 月下旬开始，至 8 月下旬结束，10 月份完成全部数据的整理和总结工作。

在审核了所有分析数据后，朱梅提议，考虑到这次全国会议要对优秀产品予以表扬，所以不能单纯看分析数据，必须制定各种酒入选优秀产品的条件。为此，经反复讨论斟酌，确定了以下名酒入选条件：一是品质优良，并符合高级酒类标准及卫生指标；二是在国内外获得好评，并为全国大部分人民所欢迎；三是历史悠久，已在全国有销售市场者；四是制造方法特殊，具有地方特点，他区不能效仿者。

有关名酒的入选条件，朱梅和王秋芳的描述虽有所差异，但主要意思是一样的，即必须具有悠久的历史、独特的工艺和风格，且已经在国内外市场上获得广泛认可。

随后，由王秋芳执笔，写成《中国名酒分析报告（八大名酒）》[①]一文。该报告作为建议稿，上报中国专卖事业公司及第二届全国专卖会议审定，后经会议和领导讨论，同意该报告的内容与结论，"八大名酒"由此确立。包括：

白酒 4 种（排名不分先后）：华北区山西汾阳的汾酒、西南区贵州省仁怀的茅台酒、西北区陕西西安的西凤酒、西南区四川泸州的泸州老窖；

葡萄酒、白兰地 3 种：华东区山东烟台的张裕红葡萄酒、张裕金奖白兰地、张裕味美思；

黄酒 1 种：华东区浙江绍兴鉴湖的绍兴鉴湖长春酒。[②]

评选结果由中国专卖事业公司发布。

---

① 中国专卖事业总公司：《中国名酒分析报告》，1952，红星档案室藏。
② 王秋芳：追忆首届八大名酒的诞生．《华夏酒报》，2012.1.3，A16。

入选"八大名酒"的绍兴酒出处考证

1952 年，中华人民共和国刚成立不久，除少数已经完成公私合营的酒厂外，大多还是前店后厂的作坊式经营，产能非常有限，单就做到在全国销售这一项，已属凤毛麟角。

故此，第一届全国评酒会影响深远。尤其是"八大名酒"的诞生在全国引起强烈反响，并极大推动了酒类的发展和质量的提高。

《中国名酒分析报告（八大名酒）》对每一种名酒都进行了详细介绍，包括产品特点、理化指标等。其中，有关绍兴酒的介绍如下：

> 绍兴鉴湖长春酒：绍兴鉴湖所产，具有地方特色，酒色黄润，醇厚芬芳，味美适口，因挥发酸少，因此无酸涩感，是酒中佳品，非他区所能仿制的。

附表还有对获奖绍兴酒的产品特征描述：

> 色泽澄黄，味道佳美，比重 1.0229，酒精 14，含糖 0.76，总酸 0.276。

据此，获奖绍兴酒应是绍兴加饭（花雕）酒。

《绍兴县志》记载："1951 年 8 月，绍兴酒类市场清理委员会成立；10 月，地方国营绍兴酒厂建办；12 月，周云集亨记酒坊组建为地方国营云集酒厂。"①

而如前所述，"云集信记"系周清兄弟周睦隣所经营，后由其子周善昌继承，即后来的云集酒厂，今天的会稽山绍兴酒股份有限公司。

1951年，绍兴酒类专卖事业处负责对酿户及酒类买卖的管理职能。其时，新组建的绍兴酒厂和接收云集酒坊资产后更名的云集酒厂，其对外销售均需通过酒类专卖事业处。云集绍兴酒正是经由这样的渠道送去北京参评。

由前可知，所有参评的酒样分析工作自1952年7月开始。此时，1951年10月创办的绍兴酒厂刚刚完成煎榨，产品贮存时间不到半年，自然谈不到悠久的历史和全国市场销售。此外，当时的绍兴酒虽无统一的国家标准，但行内有约定俗成的规矩，刚酿成的新酒因口感辛辣粗糙，对外销售最少需陈酿一年以上，重要用途需3年以上。专卖事业处绝无可能拿新酒去北京评奖砸绍兴酒的牌子。唯有云集酒厂酿制的酒，因陈年酒库存充足，不但符合朱梅和王秋芳等专家制定的获奖酒所有入选条件，也符合"酒色黄润，醇厚芬芳，味美适口"的品质鉴定评语。

综上，入选"八大名酒"的绍兴酒只能出自云集酒厂。创建于清乾隆八年（1743），1915年获巴拿马万国博览会金奖，民国时期畅销京津沪以及南洋各地，这样的声誉和品质背书在当时的绍兴酒业找不出第二家。对此，《绍兴酒酿造法之研究》②也有记载：

　　大凡绍兴酒行销愈远者，其质愈佳，而尤以销售于北京者为最善。北京为国都所在，中外商贾云集于此。竞争激烈，适者能存。吾浙名产，赴此销售者，以绸缎和绍酒两项为最著。

查绍酒之销售于北京者，至今已不过二三坊家，吾云集信记之酒，京都人士所争先购买者焉。

即使像"瑞昌通""三益"等干果铺，"杏花春""斌升楼"等饭菜铺，"泰源""玉源""庆昌"等黄铺酒，凡开设于京津市街寄售绍酒处，没有一家不销售"云集绍兴酒"的。

前文已述，民国时期，云集绍兴酒已畅销北京市场。这中间与周清的努力推荐有很大关系。"每当休假研究酿售等法，有此结果焉。"京师大学堂就学时，周清常利用假期去推销绍兴酒。

1956年，一份由浙江省委办公厅印发"中共浙江省委批转省工业厅党组关于保持和提高绍兴老酒原有优点的意见"一文记载：

自1951年，云集酒厂由专卖公司管理。

1951年，全厂尚有6年至15年以上的各种品种陈酒59076斤，其中有贮存百余年的。

这一史实既展示了云集酒厂丰富的陈酒资源，也显示了云集酒坊酿酒技艺的精湛和品质管理的卓越。须知，不是所有的老酒都能存放百余年而依然历久弥香。

云集酒厂和浙江鉴湖长春绍兴酒

已故的"绍兴黄酒酿制技艺"国家级非遗传承人、绍兴黄酒界的泰斗，云集酒厂、绍兴东风酒厂原书记王阿牛，自1952年进入云集酒厂到退休，40多年从事绍兴酒酿造。王书记曾经告诉笔者，20世纪50年代以及之后的很长一段时间，云集酒厂生产的绍兴酒都打"鉴湖"的牌子，直到20世纪80年代。

笔者手头有两张照片，一张是绍兴长春酒厂出品的注册商标为"鑑湖牌"的善酿酒，另一张是绍兴东风酒厂酿制的"鑑湖 商标"绍兴加饭酒。"鑑湖"即"鉴湖"，对照两张商标，主体图案均为一椭圆形的山水画截图，虽然两者的色泽不一样，但画的布局、结构、内容基本一致。

据厂史记载：

> 1983年7月5日，绍兴东风酒厂申请的"会稽山"（文字和图案）商标，经国家工商局商标局核准注册成功。
>
> 1987年7月，因企业未将"文革"前使用的"鉴湖牌"商标及时注册，不得不启用1983年7月5日注册的"会稽山牌"商标。

存放在会稽山黄酒博物馆的一坛1956年冬酿"鉴湖名酒"，便是对这一段历史的实物佐证。

2008年10月10日，国家烟草专卖局原副局长潘必兴先生将一坛1956年酿制的绍兴酒冬酿大坛双加饭捐赠给会稽山公司。

该酒由地方国营云集酒厂酿制，现存放于会稽山黄酒博物馆地下酒库。外观整洁，保存完好，尚未启封。坛外刷白灰，坛口用石膏泥头封口，并以竹壳和竹篾串络防护。整坛酒高64厘米，泥头直径30厘米，高20厘米，坛外盖有两个长方形牌印，一个为"中国浙江鉴湖长春绍兴酒，地方国营云集酒厂"，另一个印为"鉴湖名酒"和"品名：双加饭；坛重：22.8斤；酒重：49斤"等产品标识。相关数字还用红字书写，看上去尤为醒目。牌印下

潘必兴先生捐酒仪式

方标有该坛酒的酿制年份："1956 年冬酿"。

现存于会稽山公司的云集酒厂档案记载："1956 年云集酒厂共产黄酒 2745.64 吨，白酒 539.12 吨，完成产值 184.93 万元。"

事实上，云集酒厂也曾考虑过将善酿酒作为名酒的想法。

1956 年 9 月 25 日，国家食品工业部制酒工业管理局致函浙江省工业厅、抄送云集酒厂的"酒局〔56〕生　便字第 112 号"函件，提及云集酒厂于 9 月 7 日致省工业厅函有关"因善酿酒系 49 年所产"，"产品酸度较高，若改用好的陈酒酿制，可作为绍兴名酒一说"进行了回复。函件称：

> 中央名酒会议期间，提出加饭酒为绍兴名酒，经比较评定，加饭有苦味，不香，善酿酒又曾得过巴拿马奖章，在国际市场上有很高声誉等。经考虑，拟请省厅就近了解实际情况研究确定是否将善酿酒作为名酒并报部。

20世纪70年代绍兴东风酒厂酿制的"鉴湖"牌绍兴加饭酒

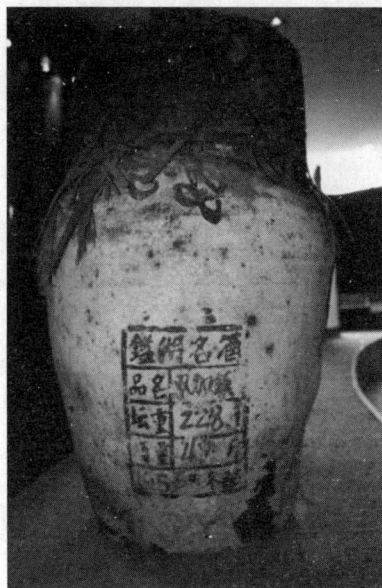

1956年冬酿"鉴湖名酒",中国浙江鉴湖长春绍兴酒(现存会稽山黄酒博物馆)

1956 年，酒厂职工不但向浙江全省的酿酒工厂职工发出倡议，开展提前完成五年计划的厂际竞赛活动，还提出了大力学习推广先进经验、提高质量、节约粮食的活动。与此同时，酒厂还全面推行"低温发酵""人等耙""耙耙捺牢"等先进操作法。

随后，王阿牛将这些经验总结整理，在前人工作的基础上，和同事一起编写完成了《绍兴酒操作规程》小册子，使绍兴酒的酿造技术由祖祖辈辈的口口相传变成有据可依，为资料紧缺的绍兴黄酒业补上了重要一课，为稳定和提高绍兴酒质量，推进行业发展作出了重要贡献。

第七章
中央仓库

1952 年，国家"八大名酒"问世后，当时的政务院总理周恩来非常关心包括绍兴酒在内的"八大名酒"的生产发展和产品质量。

曾主持"八大名酒"评比工作的我国已故酿酒专家朱梅在世时写过"八大名酒产生的前前后后"一文，文章记载：

> 周总理生前对八大名酒的质量都很熟悉也很关心，特别是举行宴会时第一杯酒大都是用绍兴酒。
>
> 1953 年，地方工业部长沙千里同志到国务院向周总理汇报工作时，周总理向沙千里部长说："你们的'八大名酒'的质量有所下降，应当注意。"沙部长告诉周总理说："质量确有下降，主要原因是酒的贮藏期太短。"周总理说："酒的贮藏期可以延长 10 年、8 年也不要紧，你回去作一个计划来，可以投资。"沙部长回来后，告诉食品局李益三局长，再由彭华秀同志会同轻工业部技术人员共同研究"八大名酒"的贮藏期问题。经过精心研究后确定"八大名酒"的贮藏期暂定为 3 年，并计划投资为 2300 万元。在中华人民共和国成立初期经济恢复时期，国家还有很多困难的时候，

为了提高"八大名酒"的质量，国家拿出这么多的资金是很了不起的，这说明周总理对酒的质量是多么重视。

资料显示，1949年全国饮料酒总量仅为15.62万吨，其中黄酒2.5万吨，占饮料酒总量的16%。其他，白酒为10.8万吨，啤酒0.7万吨，葡萄酒0.02万吨，果露酒1.6万吨。1952年全国饮料酒总量为23万吨，虽较1949年增长了47%，但按当时的4亿多人口平均计，数量并不多。

为了实现多出酒、出好酒的目的，1956年，经周恩来总理和陈毅副总理批准，《绍兴酒整顿、总结与提高发展目标》项目列入国家十二年科技发展规划。该项目主要由轻工业部上海食品工业研究所承担。也是基于这一背景，中央决定投资兴建"绍兴酒陈贮中央仓库"，以下简称"中央仓库"。

仓库选址

中央指示下达后，浙江省里和绍兴即开始了仓库选址和论证工作。当时，绍兴有两家大的酒厂，地处城里的绍兴酒厂，时任厂长为亓辛；地处柯桥阮社的云集酒厂，时任厂长为王彦明。两家厂都想把中央仓库修在自家。

就地理位置而言，绍兴酒厂紧邻火车站，交通便利；云集酒厂地处柯桥阮社，属于郊区，交通相对偏僻，但地处鉴湖上游，酿酒水质环境好。所以，两家厂各有优势。仓库建在哪里，一时让领导难以抉择。

2011年9月16日，笔者专程前往采访时任云集酒厂党支部书记，后调任绍兴酿酒总公司党委书记的刘金柱前辈。

刘老的家在紧临绍兴市人民医院的昌安洞桥新村，时年83

从「云集」到「会稽山」

岁的刘老虽年事已高，但精神矍铄，说起往事记忆犹新。

刘老说，"建绍兴酒中央仓库，是周总理的命令，1956年开始建，1957年完工，还请了一个姓孟的工程师。"后据笔者考证，这位姓孟的工程师确有其人，名叫孟万朝，是省里面专门从慈溪抽调来协助搞基建的专业人才。1956年的时候，云集酒厂属于省属企业，直到次年划归绍兴县管辖。

1957年1月24日，浙江省宁波专员公署工业局致函绍兴县工业科（工财〔57〕字第1806号）《浙江省宁波专员公署工业局关于将云集酒厂、久丰纱厂列为县级企业的通知》，经省局研究决定，为明确关系，根据上级指示决定将云集酒厂划为县级企业。"财务交拨由当地县人委负责"。且由于这两个厂规模较大，要求地方加强领导。

根据刘金柱的回忆："当时，前苏联的一个女科学家到'东风'[1]参观，品尝了绍兴酒，赞扬这个酒好。说要是在苏联的话，起码要有20个专家来研究。"

"为什么落户云集呢？"

刘老看着我，缓缓说道："一是离鉴湖的上游近，水好！还有云集酒厂的厂长王彦明人好，事情就这么定下来了。"

其时，刘老任绍兴专卖局兼专卖公司经理。云集酒厂生产的酒归他收购，生产的原料也归他供应。到了1957年大下放，刘老调任云集酒厂党支部书记，在云集待了一年多时间。1960年，毛泽东主席来绍兴视察，刘老还专门负责从中央仓库提了12坛酒。[2]（详见后文"首长用酒"）

对此，笔者在时任绍兴酒厂厂长亓辛前辈那里得到了印证。

---

[1] 原绍兴东风酒厂，现会稽山绍兴酒股份有限公司。
[2] 毛泽东和绍兴酒 http://zj.people.com.cn/GB/187016/208612/15301444.html。

2012 年 2 月 29 日，一个早春时节的阴雨天，笔者和同事小蒋一起冒着蒙蒙细雨，前往绍兴府山脚下府横街拜访亓辛前辈。

当时，亓老身体还挺硬朗，他热情地迎接我们进门。当我告知拜访目的后，亓老请我坐下，并很随和地和我聊了起来。他说，自

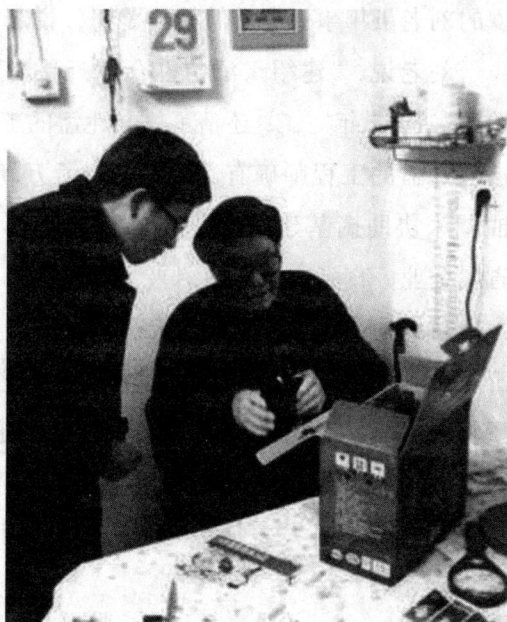

2012 年 2 月 29 日，笔者拜访亓辛前辈

己是绍兴的第一任工商局长，1953 年到绍兴酒厂任厂长，1970 年离开酒厂去了绍兴自行车厂。

有关中央仓库的建设，亓老说："中央仓库是云集酒厂搞的，是地方名酒，国家投资，投在云集酒厂。"停顿了一下，他又说："云集地多啊！有五六十亩土地。"后来看到资料上介绍，1953 年亓老所在的绍兴酒厂只有一亩三分地，怪不得亓老有这样的感叹！

虽然早已离开了酒行业，但亓老还清楚记得当时他在酒厂时的配方。"米 288 斤，曲 45 斤，水 390 斤，元红出酒率 240% 多，加饭出酒率 170% 多，"亓老的思维很清晰，"绍兴酒陈了质量才好，因为要陈化，所以占地面积多。"

看得出，亓老对绍兴酒的感情很深。和我聊天的间隙，他嘴边常常挂着一个"好"字，"绍兴酒这东西好啊！"

笔者当年前去拜访的时候，亓老每天还能喝两顿酒，每餐喝

半斤绍兴加饭酒，一天一瓶，雷打不动。

史志记载

关于绍兴酒陈贮中央仓库，1996 年出版的《绍兴市志》如此记载：

> 1956 年，绍兴云集酒厂投资 70 万元，新建厂房，增置设备，翌年见效，年产黄酒 4264 吨，比 1952 年增长 15 倍。……国家"二五"计划期间，绍兴酿酒业订出《绍兴酒整顿、总结与提高发展目标》，经总理周恩来、副总理陈毅批准，列入国家十二年科技发展规划。云集酒厂由国家投资新建绍兴酒中央仓库，厂房和库房建设得到苏联专家帮助。[①]

《浙江省轻工业志》的记载大同小异："1957 年，云集酒厂（后改名东风酒厂）扩建厂房，增置设备，扩大生产。云集酒厂厂基扩大到 300 亩，并获得国家专款，在厂内建造绍兴酒中央仓库。在厂房和库房的建设中得到了苏联专家帮助。"

仓库建设

2022 年过世、曾任云集酒厂党总支书记的王阿牛是绍兴酒陈贮中央仓库建设的亲历者。

王阿牛是绍兴黄酒界的"泰斗"，也是"绍兴黄酒酿制技艺"

---

① 《浙江省轻工业志》，浙江省轻纺工业志编辑委员会编，中华书局出版社，2000 年出版，第 509 页。

唯一的国家级非遗项目传承人。从 1952 年 9 月进入云集酒厂，到 1990 年 10 月在绍兴东风酒厂退休，并继续担任协理。王阿牛见证了云集酒厂、东风酒厂的变迁和发展。作为曾经的老领导、老书记，王阿牛对"绍兴酒陈贮中央仓库"的感情自然非同一般。

1956 年 4 月，王阿牛作为酒行业的代表赴北京参加第一次全国轻工业先进生产者代表会。当年 11 月，被任命为地方国营云集酒厂第三副厂长。

根据王老的叙述，1956 年，云集酒厂建了 5 幢酒仓库，当时叫大型发酵车间，因为既可作仓库，又可以用作发酵场地，包括"绍兴酒陈贮中央仓库"，每幢建筑面积 1200 平方米。中央仓库由浙江建筑总队负责勘测设计和施工建设。建造仓库时，还有一个 50 多岁的苏联女专家来到公司。中央仓库修建时特别讲究，既要防止漏水，又要保证隔热效果，确保贮酒环境阴凉通风干燥。每幢酒仓库可存酒 20000 多坛。

建于 20 世纪 50 年代的绍兴酒陈贮中央仓库（原绍兴东风酒厂内）

北京志业文化中心
地址：北京朝阳区立清路8号院3#楼2-1905
电话：010-84673969
E-mail:Bj-zyzx@163.com
邮编：100107

28 1957年"绍兴黄酒陈贮中央仓库"在云集酒厂兴建，厂房、库房建设过程中还得到一位苏联女专家的帮助，请谈谈故事的来龙去脉。

那是1955年，我在山东烟台酿酒培训班回来，在厂里要建立化验室、接种室、培菌室、制曲室。当时，刚好有一位苏联女专家来酒厂参观，她就帮助我们设计，共同研究，把这些设施建立起来。

王阿牛手迹

对此，王阿牛在他的回忆录手稿中也有涉及。

"绍兴酒陈贮中央仓库"的兴建，为扩大绍兴酒的规模，增加绍兴酒的库存，提升绍兴酒的品质和品位奠定了重要基础，也为绍兴黄酒成为国宴用酒和中央领导同志的特供酒提供了可靠的品质保证，成为绍兴黄酒发展史上一个重要的里程碑事件。

1957年，云集酒厂黄酒产量为4264.17吨，白酒479.77吨，实现产值323.05万元，创利19.95万元。

1958年，云集酒厂再次投资70万元，征地70亩扩建厂房，增购设备，扩大再生产，提高陈酒贮备，最终为今天会稽山绍兴酒的卓越品质打下了坚实基础。

笔者手头有一份1956年4月30日，浙江省工业厅下发宁波专署工业局〔56〕工食字第3378号文《关于上报提高绍兴酒质量实施方案的通知》，如下：

接国务院密电指示：为保证与提高全国八大名酒之一，浙江绍兴酒质量，应以增加名酒贮存时间、数量和节约的精神，并结合本省具体条件，周密规划，作出具体实施方案，报地工部、财政部批准后有计划、有步骤着手进行。自1957年（即1956年冬酿）起必须逐年贮存500吨，并由上级准拨专款285万元，其中包括仓库114万元，容器111万元，流动资金60万元，分10年投资，每年按比例为285000元，作为中央存贮本省绍兴酒之费用。经本所研究决定，第一年（1956年）全部投资于云集酒厂，任务亦由该厂负责……

由此文可知，中央拨付的总经费为285万元，第一年28.5万元全部投资于云集酒厂，说明云集酒厂的技术实力及酿制酒的品质信誉。

1956年6月29日"地方国营绍兴县云集酒厂①"报送"工业厅基本建设处"、抄送"工业厅食品工业专业公司"的云基第334号文，旨在"为请求迅予明确中央贮藏陈酒仓库之基建用款问题"，进一步佐证了上述事实。

曾据工业厅食品工业公司通知，按中央指示为恢复八大名酒之一的绍兴老酒的质量标准，决定拨专款285000元投资本厂建造容量5000吨储酒仓库（其中亦包括容器及流动资金款）。我厂接通知即于本月初编制基建年度计划及财务支出计划，报送基建处（交马禄铮同志），同时已与浙江建筑总队签了委托设计和勘测合约。目前勘测工作及初步设计已经完成，为了争取年内完成建筑工作，在6月28日

---

① 会稽山绍兴酒股份有限公司前身。1966年更名绍兴东风酒厂，2005年更名会稽山绍兴酒有限公司，2007年更名会稽山绍兴酒股份有限公司。

已与浙建总队签订了施工协议书，在协议条款中规定为购置器材，需在签约日后7天内支付给建筑单位35000元，该工程规定在8月15日即须开工。为此，基建经费亟待拨付，故专文并派员来厅，请迅予拨款（拨款数见财务先出计划），以利工程能如期开工，以免受违约罚款。

1956年9月6日下发的《中共浙江省委批转省工业厅党组关于保持和提高绍兴老酒原有优点的意见》提及：

> 省委原则同意工业厅党组关于保持和提高绍兴老酒原有优点的意见。绍兴云集酒厂关于提高绍酒质量的办法也是比较全面的，可以作为其他工矿企业提高产品质量的参考。
>
> 省委同意今年对该厂先投资45万6千元。

上述批示回复了《中共浙江省工业厅党组关于保持和提高绍兴老酒原有优点的意见》："绍兴云集酒厂提出的7年远景规划，我们认为是可行的，所采取的措施也是积极的。实现上述规划和措施所需要的资金，按目前基础条件至少需要45.6万元，望省委予以批准，以便及早动手。"

另一份时间为1956年10月6日，由云集酒厂报送的《地方国营云集酒厂1957年基础建设初步设计》（负责人王彦明），提及恢复和扩建名酒原因时，特别提及三点：

> 一是云集名酒自1743年创办，迄今已有213年从未中断过的畅销中外的历史声誉；二是这块唯一的名牌子已是社会主义性质的地方国营工厂；三是鉴湖名酒水源独佳，更有3名专酿名酒积50余年的丰富经验的最高级技工。综合以

上所举的若干条件来分析，本厂完全有责任、也完全有能力来担当起大力发展名酒的重大任务。

报告又提及：

本厂产品自 1956 年起还运销到西德国际市场，其他如国内地区亦运销到旅大、鞍山等遥远地区。

又说："自 1957 年起，每年为中央贮存 500—1000 吨，自存 2000 吨，所存之酒最少需 3—5 年出售。"

1956 年 10 月 29 日浙江省工业厅下发宁波专署工业局〔56〕工食字第 8556 号文件《为确定绍兴名酒品种及有关问题的通知》，明确提出 1956 年代中央保管的 500 吨善酿酒全部存放在云集酒厂。文件全文如下：

根据中央"全国名酒会议"精神结合绍酒特点拟定名酒品种及有关事项通知如下：

绍兴酒品种很多通称为绍兴名酒，但根据中央指示，名酒品种不宜过多，结合绍兴酒的历史及国际市场情况，暂确定"善酿酒"为绍兴名酒。

为保证名酒产品质量。经研究决定，将今年冬酿、善酿、双加饭、香雪酒的生产任务均安排在云集、绍兴二厂生产。并为恢复绍兴陈酿之特点初步确定在 1956 年冬酿任务数字内安排下列储存数。

中央存酒：善酿酒：500 吨，存云集酒厂。

省内存酒：善酿：297.5 吨，其中存云集酒厂 187.5 吨；存绍兴酒厂 110 吨。双加饭：962.5 吨。其中存云集酒厂

1957年8月31日，酒类盘查报告表（涉及中央2号、3号仓库）

云集酒厂1956年冬酿系中央存酒证明（原件存会稽山档案室）

412.5吨；存绍兴酒厂550吨。

以上几点希即办理为荷。

相关资料表明，云集酒厂用于建造"绍兴酒陈贮中央仓库"的资金并没有全部用完，尚有积余资金4万元整。1956年11月8日，浙江省工业厅下发的〔56〕工基字第8761号《关于同意将中央仓库专款余额移作云集酒厂的批复》为证：

宁波专署工业局[①]：接云集酒厂的云基字第419号报告，该厂所增储存冬酿香雪等3500缸，其所需酒仓无法解决，

---

①1953年2月4日，原省辖绍兴市、绍兴县划入宁波专区。同年5月21日，绍兴市复为省辖（省委托宁波专署代管）。

本厅同意该厂所提将56年之中央酒仓等工程积余资金4万元用作改建储酒库40间，计32000元，及附属工程，库道、木桥8千元，以解决陈酒储存。但被新增酒必须积极作好材料及人工准备，立即施工，争取年内竣工以备使用，望希知晓。

云集酒厂1957年8月31日"酒类八月份止实际盘查报告表"详细记载了贮存在中央仓库1号、2号、3号仓的产品明细，品种为"特元红"和"善酿"。制表人为马关清，并有时任供销科长徐秋元、仓库主任杨西泽、保管员傅庆祥以及马关清四人签章。

1956年，云集酒厂的绍兴酒已开始出口。

1958年3月20日，绍兴县人民委员会工业手工业科【绍工字第217号】批复如下：

云集酒厂：

接你厂云供字第18号报告悉，现将省轻工业厅批件转发如下，希遵照执行，批文内容是：1956年冬酿双加饭酒系中央存酒，需征得中央同意，才能动用出口。另外储藏时间只壹整年（约二年），质量尚未达到要求，暂不出口，不能同意借用出口。通知同时规定，以后有些问题，必须层层上报处理，直接主送厅函，不予批准。

至此，有关"绍兴酒陈贮中央仓库"的建造史实已经清楚。

1956年，为了鼓励、发展绍兴黄酒，在周恩来总理的关怀下，由中央投资在地方国营绍兴县云集酒厂建造了"绍兴酒陈贮中央仓库"。

绍兴酒中央仓库的兴建，为扩大绍兴酒产业规模，增加绍兴酒的库存，提升绍兴酒的品质奠定了重要的发展基础，也为绍兴酒成为国宴用酒和中央领导的特供酒提供了可靠的品质保证，是绍兴黄酒发展史上一个重要的里程碑事件。

第八章

使馆用酒

中华人民共和国成立后，绍兴酒不但上了开国大典的国宴，被评为"八大名酒"，成为国宴招待用酒，为国家创收换汇，还成为我国驻外使馆的接待用酒。

会稽山公司档案室保存着一份20世纪50年代的档案资料，（〔56〕工供字第5740号）。根据记载，1956年，会稽山公司前身地方国营云集酒厂酿制的绍兴酒就已成为中华人民共和国驻外使馆用酒。

1956年8月10日，云集酒厂收到浙江省工业厅《关于供应我国驻外使馆用绍兴酒24坛的通知》一文，全文如下：

地方国营云集酒厂：

接中央食品工业部中食〔56〕酒字第0630号，关于布置供应我国驻外使馆用酒的通知称："接外交部总务司1956年6月29日〔56〕总字第03237号关于供应1957年我国驻外使领馆需用各种国产酒问题致我糖酒局函（该函抄转你们），并提出如下意见，请根据要求，认真办理。兹根据中央食品工业部通知及外部总务快速函内容，通知如下：

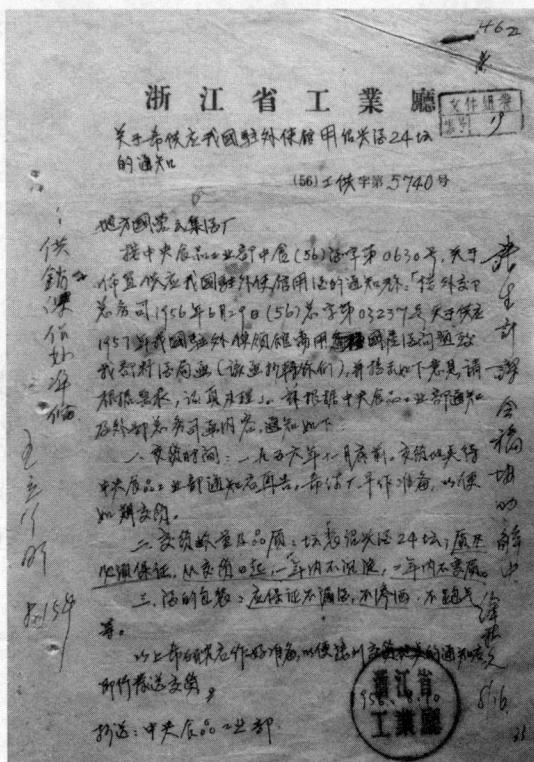

1956 年 8 月 10 日，关于供应 1956 年驻外使馆 24 坛绍兴
酒的通知

一、交货时间：一九五六年十一月底前。交货地点待中央
食品工业部通知后再告。希你厂早作准备，以便如期交货。

二、交货数量及品质：坛装绍兴酒 24 坛。质量必须保
证，从交货日起，一年内不沉淀，三年内不变质。

三、酒的包装：应保证不漏酒、不渗酒、不跑气等。

以上希研究后做好准备，以便接到交货地点的通知后
即行发送交货。

抄送：中央食品工业部。

根据省工业厅的要求，云集酒厂必须在 1956 年 11 月底前准

备好 24 坛（每坛 23 公斤左右）包装完好的绍兴加饭酒，并确保质量，按照中央食品工业部的要求如期交货。

如前所述，云集酒厂的前身云集酒坊创始于清乾隆八年（1743）。民国时期，云集绍兴酒在绍兴乃至全国都有着很高的知名度和美誉度。

史料表明，清代宣统、光绪年间到民国时期，云集绍兴酒畅销京津等地，成为上层社会的首选。

1915 年，云集酒坊酿造的绍兴酒参加美国巴拿马太平洋万国博览会，为绍兴黄酒获得了第一枚国际金奖。

中华人民共和国成立后，国家非常重视绍兴酒的发展，周恩来总理不但亲自关心绍兴酒的发展，还专门指示调拨专款修建绍兴酒陈贮中央仓库。

1956 年 10 月，《地方国营云集酒厂 1957 年基础建设初步设计》一文记载：

> 本厂产品自 1956 年起还运销到西德国际市场，其他如国内地区亦运销到旅大、鞍山等遥远地区。
>
> 自 1957 年起，每年为中央贮存 500—1000 吨，自存 2000 吨，所存之酒最少需 3—5 年出售。

正因为云集酒厂酿造的是中央特供酒，上级对酒厂产品的要求控制就特别严。

可见，早在 20 世纪 50 年代，绍兴酒便已化身中外文化交流和友好交往的使者。

第九章
主席用酒

1960 年春天，时任绍兴酿酒公司党委书记的刘金柱，根据绍兴县委领导的指示，专程到绍兴柯桥的云集酒厂，在当时酒厂书记王阿牛、厂长沈阿华、副厂长鲁吉生的陪同下，一起从酒厂的"绍兴酒陈贮中央仓库"取了 9 坛绍兴加饭酒、2 坛绍兴元红酒、2 坛绍兴善酿酒、2 坛绍兴香雪酒，共 15 坛绍兴酒，随中央领导同志的专车带往北京。

2011 年 9 月 16 日，笔者专程前往绍兴城区的一户普通住户家庭，采访了当时 83 岁高龄的刘金柱老人，从中了解到绍兴酒与毛主席一段鲜为人知的故事。

刘金柱，1929 年生，安徽太和人。南下老干部，1954 年转业绍兴后，曾任绍兴地区专卖公司经理、鉴湖长春酒厂①党委书记、绍兴市酿酒总公司总经理等职。

"那是 1960 年春天吧，"随着笔者的提问，刘老的思绪慢慢进入了对往事的回忆，"记得当时正是春榨做酒的旺季。"

---

① 由云集酒厂、绍兴酒厂、柯桥酒厂、沈永和酒厂、谦豫萃酒厂、青甸湖酒厂六家酒厂合并而成。各厂实行独立核算。

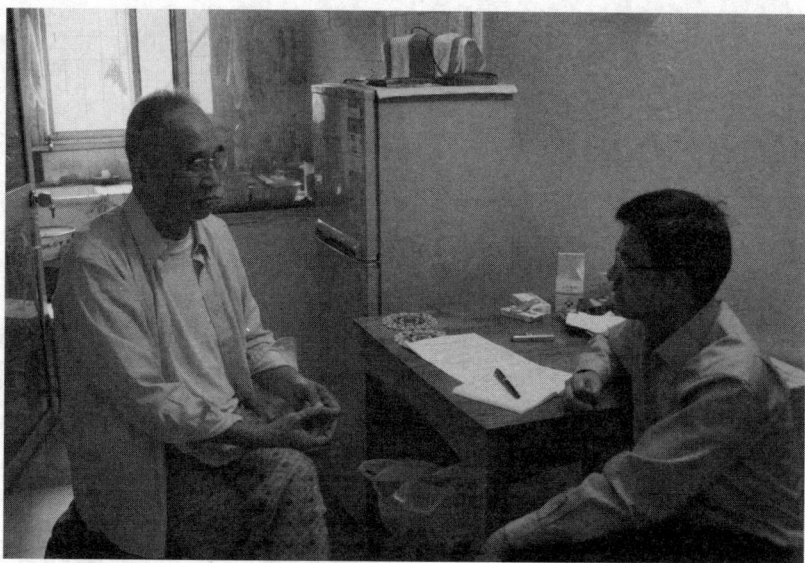

2011 年 9 月 21 日，笔者第二次去刘老家中采访

那时候，刘老的胃病很严重，加上大办钢铁，每天睡在高炉边，吃也在高炉边，非常辛苦。

一天晚上，大约 10 点左右，刘老从厂里回家，刚刚睡下，县里主管工业的王佃阁副书记的秘书颜达生就上门找他来了，并交给他一项重要任务。颜达生叫刘老赶快到"云集"去取 15 坛陈五年以上的大坛加饭酒。

"怎么光要加饭酒，善酿、元红、香雪绍兴酒四大名牌不要？"刘老有所疑惑，但颜达生告诉他，县委已经决定，叫他亲自到云集酒厂，去取 15 坛中央仓库的酒，拿到酿酒公司，直到交给取酒的人为止。如果出一点事情，叫他用性命担保！

刘老心想，这个事情可大了！

"是不是赫鲁晓夫来了？"他问颜达生，但颜达生说他也不知道。记得 1958 年刘少奇路过绍兴时，领导也让他送酒，由王甸阁副书记带队，他和亓辛 ①、陈传友 ②、王宝寿等几个人把 6 坛绍兴酒送上火车。当时，王光美还站在火车门向他们招手，并表示感谢！"这次的任务这么重要，肯定是赫鲁晓夫来了。"

想归想，但作为一名党员，加上在部队待过，刘老懂得党的纪律，知道军人以服从命令为天职。心想这个事得认真对待，绝对不能出任何问题。

刘老说，当时，绍兴县里还很穷，工业系统还没有一辆汽车，只有搬运公司有一辆旧的小三轮车，"大概能拉一吨左右的东西"。于是，颜达生就让刘老坐着这辆小汽车，到中央酒库去提酒。

刚开到高桥，刘老就看到从西面（杭州方向）过来不少汽车，"起码有几十辆"。

那时候，绍兴到柯桥的路不好，都是石子路，很差，也比较窄。驾驶员和刘老商量了一下，决定先停下来看看。不一会，长长的车队开了过来，前面有 8 辆吉普车开路，后头跟着一长串的小轿车，刘老数了一下，"大概有 20 多辆""莫非真的是赫鲁晓夫来了？"刘老顿感责任更重了。

车队过去后，刘老他们把车开到云集酒厂，随后，他立即把当时酒厂的书记王阿牛、厂长沈阿华、副厂长鲁吉生三个人叫过来，告诉他们，县委叫他到中央仓库取酒，并叫他用性命担保，大家要高度重视。于是，几个人不敢马虎，从中央仓库精心挑选了 15 坛坛身没有瑕疵、质量上乘的绍兴酒。其中，五年陈的绍兴加饭酒 9 坛，三年陈的绍兴元红酒、善酿酒、香雪酒各 2 坛。这么搭配主要是考虑到万一有人不喜欢喝加饭，就可以改喝元红、善酿或香雪，要是到时再要的话，跑一趟太麻烦。就这样，刘老

---

① 时任绍兴酿酒厂厂长。
② 云集酒厂建厂 18 个工人之一。之前在云集酒坊坊主周善昌手下酿酒。

让沈阿华、王阿牛他们把酒搬上车，拉了回去。

回绍兴后，刘老随即叫来陈传友和王宝寿俩人，把酒挑到办公室一楼大厅，他自己就不走了，晚上披个雨披守着这些酒直到天亮。

"不敢离开啊！万一要出点事，我担当不起啊！"刘老在八路军第8师特务连干过，"政治这个东西我多多少少懂一点，一个呢，不要杀头；一个呢，我要为赫鲁晓夫负责呢！"

第二天上午8点半，浙江省公安厅里二位处长开着四辆中吉普车来提酒。其中，两辆吉普车坐人，还有两辆敞篷吉普车拉酒。车子就停在公司大门口现在的104国道上。刘老还叫陈传友和王宝寿俩人把酒挑上车，"我要负责到底啊！其他人万一出点事怎么办？"

最后，公安厅只要了12坛酒，其中绍兴加饭酒9坛，绍兴元红、善酿、香雪各1坛。挑酒时，刘金柱跟那位处长讲："你晃晃，泥头动不动，泥头动，就换；泥头不动，你装上去，我责任没有了。"

处长一听，说你这人不简单，保密工作好像蛮懂嘛。刘老就告诉处长，他在特务连里给连长、指导员当过两年通讯员，怎么做保卫工作多多少少还晓得一点。

借着这个功夫，刘老就问处长，"是不是赫鲁晓夫来了？"处长说不是。刘老又问，不是赫鲁晓夫，这酒怎么要保卫得这么好？处长问他，难道除了赫鲁晓夫，就没有重要人了？这时候，刘老忽然想到，可能是毛主席来了。

这天晚上的9点钟，当刘老回家，发现城里都戒严了，不能走了，汽车站也戒严了。说是有几个美蒋特务从宁波登陆，要到绍兴来搞破坏。后来，才知道原来真的是毛主席到绍兴来了，带着9个省委书记、8个中央部长，到东湖农场来考察。绍兴酒是名牌，毛主席到江南来，当然得尝尝这个酒。

后来，来取过酒的有个处长再次陪客人到绍兴，在见到刘老时告诉他，说刘老护送的酒非常好，到北京钓鱼台以后，领导和工作人员很快就把酒分配品尝了，反映非常好！处长还遗憾地说，当时要是把剩下的3坛也带去就好了！可见，绍兴酒的魅力的确非同一般。

【背景资料】

1960年3月15日下午，毛泽东带领中共中央政治局委员、中央书记处书记谭震林、中共上海市委第一书记柯庆施、中共江西省委第一书记杨尚奎、中共安徽省委第一书记曾希圣、中共福建省委第一书记叶飞、中共浙江省委第一书记江华、中共江苏省委第一书记江渭清、中共湖南省委第一书记张平化，到绍兴东湖农场考察。

第二篇章

岁月沧桑 "东风"浩荡

第一章

东风酒厂

1966 年 12 月 9 日，绍兴县人民委员会发布《绍兴县人民委员会关于更改部分厂名的通知》（工字第 151 号文），经广大革命群众、干部倡议，并同有关方面座谈商定，县属相关企业的厂名予以更名，其中，"地方国营绍兴云集酒厂"更名为"地方国营绍兴东风酒厂"。

1972 年，绍兴东风酒厂率先恢复了花雕酒的生产。[①]1973 年，上级再次组建"绍兴酿酒总厂"，下设绍酒直属车间和东风、东方红两家分厂。

1978 年，党的十一届三中全会召开，绍兴的酿酒事业迎来了新的发展际遇。当年，绍兴东风酒厂被浙江省委授予浙江省"大庆式企业"光荣称号。

1979 年 5 月，国家轻工业部在湖北省襄樊市组织举办全国评酒委员会考核培训班，来自全国各地的 105 名选手参加培训。时任绍兴酿酒总厂党委副书记、东风酒厂党支部书记王阿牛和另外

[①] 浙江省轻纺工业志编辑委员会编：《浙江省轻工业志》，北京，中华书局出版社，2000，P513。

绍兴东风酒厂（摄于 20 世纪 60 年代）

绍兴东风酒厂大门（摄于 20 世纪 80 年代）

一人经浙江省轻工业厅选拔参加培训班，角逐"评酒委员"称号。

四天的比赛，成绩揭晓，王阿牛以总成绩95分的高分名列第二，被轻工业部聘为部级评酒委员。8月份，轻工业部在大连召开第三届全国评酒会。会上，王阿牛表现出色，被誉为"黄酒博士"。1983年9月，轻工业部15名评酒委员中，有三人入选全国黄酒评酒委员，王阿牛即为其中之一。

1980年8月27日，绍兴县革命委员会发布绍革〔1980〕145号文件《关于调整酿酒厂体制和更改厂名的批复》，同意绍兴县工业局上报的关于调正酿酒厂体制和改厂名的报告。经研究同意："绍兴酿酒厂改名为绍兴酿酒总厂"，"东风分

王阿牛授艺（摄于绍兴东风酒厂）

王阿牛（中）和鲁吉生（左）一起在东风酒厂化验室评酒

厂"改名为"东风酒厂",由总厂领导,享受县属厂待遇,干部任免,上级发文、参加会议,都同其他县属工厂一样对待。同年,杜阿利任东风酒厂厂长。

1981年,东风酒厂利润首次突破"百万元"大关,达到102万元。1982年,王阿牛再次被授予浙江省"劳动模范"称号。同年,绍兴东风酒厂在柯桥镇上开办劳务公司(展销)门市部,随后,又和绍兴市烟糖公司在市区上大路、萧山街联合开办经营公司。

1983年7月,绍兴撤地建市,东风酒厂归属绍兴县。同年,因原厂长杜阿利去世,时任酒厂党支部副书记、工会主席任中华接任厂长。同年,王阿牛被国家经委聘为国家级评酒委员,被同行业誉为黄酒行业中的权威人士。当年,企业投资扩建了一条18000瓶/日的国产瓶酒灌装生产线。

20世纪80年代,根据国家主席李先念"一定要把绍兴酒搞上去"的指示精神和广大人民的需要,酒厂加大设备、技术改造,使传统酿酒工艺与现代科学技术结合起来。1979—1981年首期工程,国家投资465万元,对东风酒厂等三家酒厂重点进行挖潜改造和仓库配套建设,东风酒厂建成两幢二层和两幢三层现代化贮酒仓库。[①]

1986年,浙江省外贸投资6500万日元,东风酒厂从日本三菱公司引进一条年产5000吨(3000瓶/时)的全自动瓶酒灌装生产线,扩大瓶酒产量。

1987年7月,新启用的"会稽山牌"加饭酒多次荣获金奖。1987年,在浙江省消费者协会、浙江省质量管理协会、浙江省标准计量局、《钱江晚报》等单位组织的"全省最佳冬令商品评选"

① 浙江省轻纺工业志编辑委员会编:《浙江省轻工业志》,北京,中华书局出版社,2000,P510。

从「云集」到「会稽山」

1986 年 11 月，东风酒厂生产的"塔牌"绍兴酒获巴黎国际食品博览会金牌奖，浙江省人民政府颁发锦旗

中，会稽山酒被授予"金杯奖"。

1988 年，东风酒厂瓶酒产量从初建时的四五百吨增加到 4129.66 吨。7 月，绍兴东风酒厂入选绍兴市 17 家首批国营企业实行厂长负责制的试点单位；同年，东风酒厂工会获浙江省"先进职工之家""优秀职工之友"荣誉称号。企业完成国家二级计量、企业标准化、出口产品卫生商检、全面质量管理、科技财会统计档案、省级节能主要企业等基础验收。同年，在全国首届食品博览会上，"会稽山牌"（外销"塔牌"）花雕酒、加饭酒、元红酒再次荣获金奖。

1989 年 4 月 18 日，绍兴东风酒厂通过浙江省级先进企业考评。4 月 23 日，顺利通过省级的各项考评验收。其时，酒厂在老书记、技师王阿牛，技术顾问鲁吉生等酿酒名师高手的熏陶下，通过手把手的传帮带机制，培养了一支实力雄厚的酿酒技师队伍，并屡次在同行业质量评比中名列前茅，蝉联第一，处于行业领先水平。在当年举办的浙江省大型民意调查"消费者评说产品优劣"活动中，会稽山酒获同行业产品质量总分第一名，被浙江省消费者协会、浙江省城市农村社会经济调查队、中国质量协会用户委员会杭州质量跟踪站授予"很满意产品"，成为全市同行业中唯一实行"产品质量保险"的单位。"买酒要买东风酒"成为当时浙江省内外消费者的口头禅。由此，"会稽山牌"绍兴酒也在国内外市场和消费者心中占据了极高的品质和品牌信誉，成为绍兴黄酒业中的一朵奇葩，"东风"浩荡，香飘神州，风靡海内外。

1989年5月26日，东风酒厂作为绍兴县全民企业中第一家实行股份制企业试点单位，全厂入股51万元，6月7日召开股份制企业成立大会，县长钱宝荣到会祝贺并致词。

8月，企业国家中标项目"绍兴东风酒厂扩建年产万吨机械化黄酒车间"项目在绍兴饭店通过竣工验收。项目于1987年2月向国家计委轻纺出口基建项目投资办公室投标，通过同行竞争认证批准中标，总投资2160万元，建筑面积28911平方米，地处东风酒厂东厂区。这是当时全国黄酒行业中建筑规模最大，总图颁布最合理，工艺设备最先进，生产、办公、生活公用设施最为完善的一项工程。1991年11月获"中国食品工业十年新成就展示会优秀新成果"称号。

1990年4月16日，轻工部发布轻综计字第26号文件《重点支持的轻工业部大中型企业》，绍兴东风酒厂入选浙江省40家大中型企业。5月，酒厂瓶酒车间内装组以"4073万瓶优质酒"的优异成绩获"全国五一劳动奖杯"，成为全国黄酒行业和绍兴市、县唯一的先进班组获得者。7月22日，企业档案工作通过省级考评，成为绍兴县计经委系统第一家通过省级考核的单位。是年，企业黄酒产量首次突破20000吨大关，年出口黄酒3500吨，出口交货值达340万美元，

1991年8月26日，绍兴东风酒厂通过"国家二级企业"考评，名列全省6家国二级企业榜首。1992年，占地14亩，总投资1000万元的"出口灌装联营厂"开工建设。为适应市场经济，

2000 年绍兴黄酒节上东风酒厂的彩车

企业还在上海浦东外高桥、杭州中山中路、萧山商业城增设销售窗口，扩大品牌影响。同年 7 月 30 日，经国务院经贸办等 6 个部门评定，绍兴东风酒厂通过"国家大型二档企业"考评。11 月，企业被浙江省计经委、浙江省食品工业协会授予"浙江省食品工业明星企业"称号，时任厂长任中华被授予"浙江省食品工业明星厂长"称号。1992 年，公司列入全国轻工业系统 200 家最大企业。同年，"绍兴东风酒厂绍兴酒研究所"成立，这也是绍兴县第一家黄酒研究所，多次荣获"绍兴县先进集体""绍兴县十佳优秀产学研基地""绍兴县重点产学研基地"称号。几经演变，成为今天的省级企业技术中心、会稽山黄酒研究院。

第二章
中外合资

　　1993 年 10 月 18 日，绍兴东风酒厂与香港益通食品工业有限公司共同投资 1998 万美元，中方控股 51%，组建成立了中国黄酒产业第一家中外合资企业——"东风绍兴酒有限公司"（以下简称"东酒公司"）。这也是绍兴黄酒乃至中国黄酒史上首家中外合资企业。

中外合资东风绍兴酒有限公司成立大会现场

中央办公厅特别会计室、浙江省委办公厅贺东风绍兴酒有限公司成立（左第一、第二条）

　　合资公司的兴建和绍兴当地一位从事电子贸易的生意人有关。他叫管锡荣，既是合资项目的牵线人，也是外方的代理人，后来在合资公司成立后担任公司副总经理。

　　2020 年 11 月 18 日，应笔者之邀，管锡荣曾向笔者提供过一份书面材料，记录了中外合资企业创建的缘由及经过：

　　1990 年前，我香港的朋友陈传永先生来绍时，我总以会稽山绍兴酒招待他，当酒杯中斟满酒后发出的浓郁酒香和醇厚的酒液沁入他的心田，多次饮用后，他对绍兴酒情有独钟，使他不能忘怀。古城绍兴人杰地灵，又有如此美酒，激发了他想在绍兴创办更大的合资项目的想法，一起探讨了投资的规模范围和方向。我们绍兴有三大缸——酒缸、酱缸、染缸，以酒缸最佳，酒缸中以会稽山酒最优。可以和酒厂

人民大会堂"兰亭之夜"会稽山绍兴酒品鉴会

联合把绍兴酒做强做大，从而进一步把绍兴酒带出国门，取得更好的经济效益和社会效益。

1991年，在香港陈传永先生的精心策划和组织下，成立了外资投资联络小组。经与企业和政府有关部门多次洽谈沟通，当时在中央政治局委员、天津市委书记陈敏尔（时任绍兴县县长）的亲自关心和指导下，于1993年3月7日与绍兴东风酒厂签订了合资合同，1993年10月15日由浙江省经贸厅批准成立"东风绍兴酒有限公司"，并于1993年10月18日领取了营业执照，成立了外资比例最高（外资占49%，近1000万美元）并全部以现金投入的绍兴县最大的中外合资企业——东风绍兴酒有限公司。

随后，为了提高会稽山酒的品牌知名度，公司还在人民大会堂举办了一场"兰亭之夜"高端品鉴会。

为了更快提高会稽山绍兴酒的知名度，在香港陈传永先生的精心策划和组织下，1998年9月22日，邀请了诸多知名人士，在人民大会堂香港厅举办了"兰亭之夜"会稽山绍兴酒品鉴会，由人民大会堂厨师长和上海锦江饭店厨师长为代表，对"会稽山"和"兰亭"牌绍兴酒品鉴和演讲，进一步提升了会稽山绍兴酒的声誉，巩固了人民大会堂国宴酒的地位。

1993年，东酒公司投资1300万元建成全厂"热供联网工程"。同时，以中国黄酒行业唯一身份入选"1993年度中国500家最大规模最佳经济效益企业"，被授予"浙江省黄白酒行业排头兵企业"。是年，"东酒公司"年产黄酒24822吨，实现工业总产值5768万元，实现利税3400万元，利润首次突破1000万元。

1994年8月8日，总投资1.5亿元，占地197亩，年产黄酒4万千升的"中国绍兴酒城"在绍兴县柯西工业区（柯桥区鉴湖路1053号）奠基，中央政治局委员、天津市委书记陈敏尔（时任

陈敏尔出席中国绍兴酒城奠基仪式

绍兴县县长）参加奠基仪式并致辞。项目于1996年6月竣工投产，为绍兴黄酒发展史写下光辉的一页。

当年，"东酒公司"以突出的经营业绩进入全省"最大经营规模""最佳经济效益"工业企业的评价序列。董事长、总经理任中华被评为1994年度"全国食品行业优秀企业家"。公司全年生产黄酒28360吨，实现产值6640万元，实现利税4400万元，其中，利润2700万元。

1995年，绍兴东风酒厂兼并绍兴啤酒厂，与"上海王宝和酒家"合资成立绍兴王宝和酒厂。6月27日，东风酒厂45名职工代表全厂720名职工与企业签订集体合同。同年，公司被评为"全国轻工业优秀企业""中国轻工业200强企业""出口商品生产企业质量管理先进单位"。

1996年5月24日，绍兴东风酒厂"传统绍兴酒酿造工艺及配方"项目被列入国家秘密技术。1996年12月23日，公司通过"省级文明单位"考评。同年，荣获"1996年度中国酒行业优秀企业"称号，被国务院等六个部门认定为国家"大型一档企业"。

1997年，公司在中国黄酒同行业中第一家通过了ISO9002国际质量体系认证。后又相继通过了ISO14001、HACCP等环境管理、危机分析和关键控制点体系认证。公司注重生产过程控制和原粮基地建设，按照食品安全管理的要求，全面落实食品安全规范，提升品质水平，确保自动化、高品质酿酒的清洁性、标准性、安全性。

同年，公司被评为"全国酒行业明星企业""全国食品工业行业质量效益型先进企业"。

第三章
强强联合

1998年10月10日，"绍兴东风酒厂"与"中国轻纺城集团股份有限公司"（以下简称轻纺城集团）强强联合，绍兴东风酒厂的国有资产以1.34亿元的价格全额置换给中国轻纺城集团股份有限公司。

10月15日，东酒公司召开二届一次董事会，选举产生新一届公司领导班子。时任轻纺城集团董事长谢方员兼任东酒公司董事长，时任柯桥开发委副主任冯张法出任公司总经理，时任轻纺城集团党委副书记沈金海兼任东酒公司党委书记。

新组建的"东风绍兴酒有限公司"注册资本1998万美元，由"轻纺城"控股，占51%，香港广益国际集团有限公司占49%。

1998年11月2日《浙江日报》4版刊载套红广告：

> 热烈祝贺绍兴东风酒厂、中国轻纺城集团股份有限公司强强联合、热烈祝贺东风绍兴酒有限公司二届一次董事会召开，"会稽山""兰亭"牌绍兴黄酒是北京人民大会堂唯一国宴专用黄酒。

东风绍兴酒有限公司（绍兴东风酒厂）董事长谢方员，

1998年11月2日，《浙江日报》刊载绍兴东风酒厂与中国轻纺城集团股份有限公司强强联合祝贺广告

总经理、法定代表人冯张法率全体员工向社会各界人士和广大消费者致意！

　　在绍兴县委县政府的领导关怀下，绍兴东风酒厂将全部资产置换给中国轻纺城集团股份有限公司，实行强强联合，是一个新的里程碑，是改革竞争的需要，是跨世纪发展的需要。我们将发挥"轻纺城"上市公司的优势，实施资本经营和品牌战略，力争尽快成为在境外上市的股份公司，使百年老厂的名牌产品"会稽山"（内销）、"兰亭"（外销）牌黄酒永葆"东方名酒之冠"的美誉。

　　随后，公司在新一届董事会领导下，依托轻纺城集团和香港广益国际集团有限公司的境内外优势，按照"上下延伸、左右拓展"的总体发展战略，依托公司原有的技术优势、规模优势和品牌优势，以"质量至上、效益优先、技术兴厂、诚信待客"为宗旨，内抓管理，外拓市场，学习"邯钢"经验，挖潜降耗，在公司内部管理、产品质量、市场开拓、品牌建设、文化促销等方面取得了显著成效。公司遵循"低档占市场，中档创效益，高档打品牌"的营销方针，全力拓展国内外市场。为强化管理，公司精简冗员，充实营销队伍，通过对车间实施内部成本核算及公司所需的各类包装材料实行公开招标，使物资采购成本下降30%，每年为企业节约采购资金100多万元。

面对日趋激烈的市场竞争，公司以人为本，注重对企业内部人才的发掘和培养。1998年8月，以"质量管理、工艺技术、市场营销"为主体的"素质工程"启动，该项工程旨在提高中层干部和营销人员的综合管理、市场开拓、临场应变能力，进而全面提高公司员工的整体素质，为确保"会稽山"黄酒的质量打下了坚实基础，为1999年超额完成各项预定指标，在世纪之交实现新的腾飞提供了有力保证。

强强联合后，公司始终把质量工作当作首要任务来抓。按照"精酿绍兴酒，产品保名优，服务创一流"的公司质量方针，严格遵循ISO9002国际质量标准，不断完善质量体系，强化质量管理，严格执行产品质量"三让步"原则。（当产量与质量发生矛盾时，产量让步；消耗与质量发生矛盾时，消耗让步；用工与质量发生矛盾时，用工让步。）

与此同时，公司强化研发力量，并根据市场需要开发低度白酒系列、"青梅酒""精雕绍兴酒""特制精雕酒"等新产品；成立企业策划部，负责公司整体形象策划及产品包装设计。公司产品从原来五大系列30多个品种增加到七大系列90多个品种。包括适合大众消费、包装简易的1年、3年、5年陈加饭酒，满足中高层消费、包装精美的8年、10年、15年、18年陈，以及

会稽山酒文化贮酒卡

供珍藏、品鉴用的 20 年、30 年陈绍兴花雕酒，还有限量发售的"50 年陈共和国同龄酒"。

　　为挖掘"会稽山"品牌文化内涵，加大品牌营销力度，公司启动文化营销战略。1998 年 11 月，首届"会稽山"酒文化研讨会召开；12 月，黄酒行业首套珍藏酒卡"会稽山"酒文化珍藏卡问世。

　　1999 年 4 月，"会稽山"商标被国家工商局认定为"首批国家重点保护商标"。5 月，浓缩"东酒"企业 250 多年历史的"会稽山黄酒博物馆"开馆，"首届会稽山黄酒营养保健研讨会"在中国轻纺城大酒店召开。10 月，"共和国同龄酒"产品拍卖会在绍兴举行，开中国黄酒拍卖营销之先河。随后，公司加大文化营销力度，会稽山营销战略研讨会、"会稽山·绍兴酒文化"学术研讨会等相继举办，一系列的营销活动，使"会稽山"品牌的文化内涵得到深度挖掘和系统阐释，在宣传"会稽山"品牌、提升品牌知名度的同时，也给"会稽山"注入了崭新的含义。公司注重企业社会责任和企业理念的诠释，1999 年重阳节，公司向绍兴县所有百岁以上老人开展"献爱心，表礼性，树心性"活动。同年，公司被评为"全国食品行业质量效益型先进企业"。1999 年，公司实现销售近 2 个亿，实现利润 2800 多万元，再一次取得历史性突破。

　　2000 年 2 月，为更好地打响"会稽山"品牌，公司在《绍兴

从「云集」到「会稽山」

日报》上面向社会公开征集"会稽山"品牌宣传语。共收到应征稿件1057件，经认真筛选，集体讨论，专家评选，最后，"微微醉的感受，会稽山绍兴酒"被正式录用。同年，公司被国家质量技术监督局批准为首批"原产地域产品标志"保护企业。

2001年开始，为降低污染源，公司先后投资800多万元建设污水处理设施。同时启动以技术革新和技术改造为手段的清洁化生产，用大罐代替缸、坛浸米、发酵，推进机械化，淘汰高能耗设备，吨酒水耗从24千升下降至18千升。同时，总投资2000多万元的年产20000千升瓶酒灌装线项目顺利投产，项目采用国内最新灌装技术，实现了折箱、封箱、堆码的全程自动化生产。同年，公司被中国绿色食品认证中心批准为"绿色食品"标志使用企业，荣获"全国酿酒行业先进企业""全国食品行业质量效益型先进企业"等荣誉称号。

第四章

伟人钟情

绍兴黄酒醇厚养生，酒度又低。自20世纪50年代，经周恩来总理批示列为国宴用酒后，喜爱绍兴酒的领导更多，不少国家领导人也都爱喝绍兴黄酒。一代伟人邓小平就是其中之一，晚年小平同志每天一杯绍兴酒养身。

2019年11月30日，曾任绍兴市委、市政府接待处主任的翁筱福专程来到会稽山公司，将他经手收藏的两件珍贵藏品交给了时任公司党委副书记、总经理傅祖康。

这是两件具有特殊意义的物品。一件是中办特别会计室于1995年10月11日给东风绍兴酒有限公司（现会稽山绍兴酒股份有限公司）的函件（原件）。内容如下：

东风绍兴酒有限公司：

　　贵公司酿制的"东风加饭酒"负责同志用后反映较好。今后是否请按我们的需要（数量很少，每年20箱左右），给予保证为荷。（注：每年的具体数量电话联系）。落款为中央办公厅特别会计室。

另一件是小平同志的女儿邓楠来绍兴时转赠给翁筱福的小平同志饮酒照。

　　照片上，小平同志端坐在白色的圆桌前，神态慈祥地嗑着瓜子，桌上放着两盅绍兴黄酒，边上的青花瓷盘中盛有一些南瓜子，体现了一代伟人对绍兴黄酒这一国酒的关心和钟爱。

　　翁筱福是浙江省劳动模范。从事接待工作前，从教 26 年，曾任绍兴稽山中学、绍兴体育专科学校、绍兴马山中学、绍兴树人中学教师、校长、书记、文教科长等职。1984 年调入绍兴市人民政府工作，历任绍兴市委、市政府接待处主任，龙山宾馆总经理，绍兴市公共关系协会常务副会长等职。

　　当被问及两件珍贵物品的来历时，翁筱福非常慎重，说等回家再仔细查证核实一下再告知。随后，又专程将他的回忆手稿捐赠给会稽山公司。

翁筱福（左）将回忆手稿及相关照片资料捐赠给会稽山公司时任总经理傅祖康

关于中央领导用绍兴酒选定的情况说明：

　　1994年5月，中央警卫局一位副局长带着中共中央办公厅特别会计室两位同志，来绍兴考察并选定中央领导用绍兴酒的问题。由我陪同前去绍兴酒厂、东风酒厂（现会稽山绍兴酒股份有限公司）参观、考察、品尝。后带去两厂加饭酒样回北京。经化验、品尝、讨论，最后选定绍兴东风酒厂生产的加饭酒为中央领导同志用酒的定点用酒。于1995年10月正式发文（见文件原件，现存会稽山档案室）。并通知了绍兴市委、市政府接待处和绍兴东风酒厂。1995年11月中旬，中央警卫局领导和中央办公厅特别会计室负责同志来绍兴办理用酒手续，并带去第一批酒。中央警卫局领导同志把选定用绍兴加饭酒的文件交给了我，由我保管。

　　1996年5月中旬，邓小平同志女儿来绍兴参观考察，把她拍洗的邓小平同志喝绍兴加饭酒的照片送给了我，我一直珍藏着。现将照片和中共中央办公厅特别会计室文件赠予会稽山绍兴酒股份有限公司并傅祖康同志。"①

　　而据"绍兴黄酒酿制技艺"国家级非遗传承人、曾经担任绍兴东风酒厂党支部书记的王阿牛在其回忆录《酒香人生》中的记载，小平同志饮用绍兴酒的时间或许更早。书中记载：

　　1990年4月的一天，时任浙江省委办公厅行政处吴渭文处长一行三人来到东风酒厂，找到我的徒弟潘兴祥（时任东风酒厂生产副厂长），要求我们灌装一批20箱的绍兴酒送到北京，中央主要领导要用。当时，潘兴祥和我商量采用哪

　　① 翁筱福时任绍兴市委、市政府接待处主任。

一个年份的绍兴酒最好？因 1985 年酿造时，原料好，气候好，这一年的酒质量十分上乘。因此，我们采用 1985 年冬酿的原酒灌装。潘兴祥自始至终一直在灌装现场，不敢离开半步，直到灌装完成，包装成箱，交给吴渭文处长后，才松了一口气。事后，我们才知道这几箱酒是邓小平要的，他晚年不喝白酒，改喝绍兴酒。这样的任务在 1991 年又接到了一次。

1992 年，酒厂又专门派人将 20 多坛陈酿了 10 多年的绍兴酒通过铁路送往北京，当时告知该批酒为中央首长专用。随后，公司通过相关渠道获悉，1992 年公司送往北京的酒系专为小平同志准备的特供酒。

1993 年 9 月 20 日《人民日报》报道，邓小平"身体很健康……每天喝一杯黄酒，中国绍兴的黄酒"。

1993 年 9 月，邓小平的女儿邓榕在香港参加《我的父亲邓小平》一书首发式，在答记者问时曾说，邓小平已在他 85 岁那年遵医嘱戒了烟，现在每天喝一杯绍兴黄酒健身。邓榕的这番话曾在当时的香港掀起了一股"绍兴黄酒热"。

1993 年 10 月 18 日，东风绍兴酒有限公司成立，中央特别会计室还专门来人参加并祝贺公司成立，送来祝贺横幅（详见本书第十一章　中外合资）。

2004 年 8 月中央电视台首播的大型口述纪录片《百年小平》中，邓小平的长子邓朴方也讲道：

> 父亲原先是喝茅台的，后来因身体原因就每天喝绍兴黄酒，下酒的就是一碟南瓜子，这是他的私有财产。有时他会将瓜子、黄酒转到我面前说，胖子（指邓朴方），你也来

一点……

2010 年 6 月 9 日，由时任北京"天南地北绍兴人"联谊会会长谢善骁组织的"会稽山酒会"在什刹海畔的孔乙己酒店举办。著名外交家、社会活动家、原国台办副主任、海峡会常务副会长唐树备先生偕夫人梁文凤女士，著名画家、中央美院教授、中国油画学会副主席、美协油画艺术委员会副主任，伟大的民主斗士闻一多之子闻立鹏先生偕夫人张同霞女士，中国社会科学院美国研究所陶文钊先生，著名油画家董希文之女董一沙，绍兴县人民政府驻京联络处以及小平同志身边工作人员金关叶等在京 40 余位绍兴家乡人参加了酒会。笔者有幸见证了这一盛会。

乡情如酒，历久弥香，甘醇醉人。

酒会上，会稽山总经理傅祖康介绍了"会稽山"品牌历史及产品特点，与会嘉宾一起品尝会稽山酒的醇厚美味，一起为绍

金关叶讲述小平同志晚年喝绍兴酒的故事（发言稿存会稽山档案室）

兴酒香飘京城出谋划策，一起倾听谢善骁会长讲绍兴名人与绍兴酒的故事，听邓小平生前绍兴籍的厨师金关叶讲小平同志晚年天天喝绍兴酒的故事。

"小平同志也爱喝绍兴黄酒。"金关叶说。

　　我是在 1985 年 5 月至今为邓小平同志及一家人搞炊事工作，邓小平同志每天喝两小杯绍兴黄酒，有六个下酒菜，如酱牛肉、酱猪耳朵、花生米，等等，另加瓜子，吃得有滋有味。

　　小平同志有一张家居生活照片，很能反映出他对黄酒的钟爱。照片上的邓小平坐在家里的餐桌旁，神态慈祥地嗑着瓜子，桌上放着两盅绍兴酒，色泽醇厚。在小平的影响下，小平的家人，如邓朴方等，也喜欢在家庭聚会上一起喝上两盅，品尝黄酒特殊的酒香。

可见，小平同志对绍兴黄酒的钟爱之情。

第五章

"精功"入驻

2002年9月，绍兴当地的民营企业"精功集团"成为"轻纺城集团"最大股东，"东酒公司"随之归入"精功"旗下。

2003年11月11日，经轻纺城集团委派，傅祖康出任"东酒公司"董事长、总经理。

到任后，傅祖康着力推动处理好三层关系：一是协调好国家、

傅祖康

股东、个人之间的利益关系；二是重塑品牌，争取企业和员工共同发展；三是协调好生产、质量和消耗之间的关系。

通过体制的转换和创新，公司内抓管理，外拓市场，挖潜降耗。一方面，通过实施车间独立核算、内部成本考核制，推行物资公开招标制度和第一责任人制度，提升企业管理水平；另一方面，通过开展内部人才的发掘、选拔和培养，启动以质量管理、工艺技术、市场营销为主体的"素质工程"，提升中层骨干和营销人员的综合管理、市场开拓、临场应变能力，提升员工整体素质。当年，公司实现销售收入 2.2 亿元，利润 2800 万元，生产瓶装酒 23000 吨，再一次创历史新高。

2004 年 3 月，公司获全国"酿酒行业百名先进企业""全国守合同、重信用企业""中国食品工业企业质量效益先进企业""全国食品工业科技进步优秀企业奖"等荣誉称号。4 月 21 日，一坛"会稽山"百年陈酿大坛花雕酒作为祭禹用酒参加绍兴市第五次祭禹典礼。4 月 28 日，公司在绍兴国际大酒店举办"稽山清"黄酒新品发布会，在绍各大媒体、公司经销商以及消费者代表等 150 多人参加会议。

作为一款低度淡爽营养型黄酒新品，产品精选特等精白糯米、优质小麦为主要原料，改良传统工艺，利用现代生物工程技术，有效萃取莲芯、茯苓等的有效营养成分，酒体清澈透亮，香味清逸幽雅，口味爽怡淡和。冰镇或加冰饮用，更显清凉爽净，为夏季饮品之佳品。

5 月，为进一步完善管理体系，强化内部管理，《公司员工手册》《部门职责职位说明书》《公司运营管理的十个规范》等制度体系相继出台，同时推行考勤、就餐两合一的智能上岗证。7 月，试行部门及员工绩效考评新模式。8 月 2 日，公司收购"绍兴鲁镇绍兴酒有限公司"全部股权；同月，公司黄酒城生产部 5000

吨扩产工程竣工投产。9月11日，公司推行产销分离新体制，在绍兴市区解放路会稽山大厦设置独立的营销总部，组建了一支有156人组成的专业营销队伍，强化市场网络建设。11月，公司获"全国酿酒行业百强先进企业"。12月7日，公司成为浙江省首批清洁化生产合格企业;同年，获"全国保密工作先进集体"称号。12月10日，公司组织开展"新东酒精神"大讨论活动。

2005年3月，公司投资建设年产20000千升、20000瓶/小时的瓶酒自动化灌装生产线，当年9月29日建成投产。8月25日，会稽山"水香国色"系列黄酒在苏州上市，成为继"帝聚堂""稽山清"之后又一改良型黄酒新品，包括"醇香营养型""清爽健康型""温和淡爽型"高、中、低档三款产品，当年实现销售1500多万元，获"创新成就财富"2005中国食品行业年度十大创新评选活动"十大创新产品"称号。9月8日，公司通过绍兴市质量技术监督局、市食协组织的食品生产许可证（QS）审查；9月28日，经绍兴市、县有关专家论证，公司确定东酒企业精神为"会稽山精神"。10月，会稽山牌花雕酒、稽山清酒、"帝聚堂"特制精雕酒，分别蝉联中国酿酒工业协会（现中国酒业协会）颁发的"全国质量安全诚信推荐品牌"。12月，会稽山黄酒通过国家"免检产品"认证。

是年，公司获"2004年度企业信用等级为AAA级""04年度浙江省食品工业销售收入百强企业，利税总额百强企业""2005年中国酿酒工业行业排头兵企业""全国食品工业科技进步优秀企业"等荣誉称号。

2005年，公司黄酒产能再上台阶，全年共产黄酒5.5万千升，较上年同期增长13.3%，实现销售收入3.6亿元，较上年同期增长34.6%。

第三篇章

全国征程 "会稽"盛世

第一章
"东酒"易名

　　2005 年 6 月 23 日，"会稽山"商标被国家工商总局认定为全国驰名商标。

　　一天后，时任绍兴市委常委、绍兴县委书记徐纪平，绍兴县委副书记、县长冯建荣发来贺信，对"会稽山"被认定为全国驰名商标表示热烈祝贺！

　　7 月 16 日，借力"会稽山"获评"中国驰名商标"的东风，公司在绍兴咸亨大酒店举行了会稽山绍兴酒新一轮发展战略研讨会。

　　会上，傅祖康向与会领导介绍了会稽山新一轮发展远景。计划在年内完成年产 2 万千升瓶酒项目的基础上，投资 3.5 亿元，重点实施五大项目：

　　一是新建年产 2 万千升的机械化黄酒车间；二是新建年产 2 万千升的传统黄酒车间；三是新建年产 2 万千升的瓶酒全自动灌装生产流水线；四是建设一个展示"会稽山"黄酒生产工艺的工业旅游园区；五是建造一个国家级的黄酒技术中心。

　　2005 年 12 月 12 日，为更好地推进企业品牌战略的实施，整合资源，更加有利于"会稽山"品牌的宣传推广，结合 2004 年企业精神大讨论活动，公司放弃使用了近 40 年、具有很高知名度的"东风"厂名，更名为"会稽山绍兴酒有限公司"。

当时，"会稽山"品牌已走出江浙一带，经销商遍布全国各省、自治区，且取得了良好的销售业绩。公司和品牌名称的合一有利于进一步打响名酒品牌，为走向全国市场开启全新征程。

2006年1月，公司顺利通过食品安全管理体系认证。4月，公司生产总部从阮社红旗村迁至鉴湖路1053号新办公大楼。5月1日，公司销售总部从绍兴市区回迁鉴湖路总部大楼；同月，国务院公布首批国家级非物质文化遗产名录（共计518项），"绍兴黄酒酿制技艺"榜上有名，笔者时任公司研发中心主任，应时任绍兴市经信局副局长赵璐和绍兴市黄酒行业协会秘书长陈祖亮之邀，负责项目申报材料的起草工作。"会稽山"因其历史悠久，传承谱系完整，成为"绍兴黄酒酿制技艺"的代表。6月，《会稽酒香》创刊，后更名《会稽山报》；同月，"稽山清酒"黄酒新产品通过浙江省科技厅组织的专家鉴定，产品精选优质精白糯米、小麦、鉴湖水以及经生物技术处理的低聚糖液等为主要原料，依托现代高新技术，有效萃取莲芯、茯苓的有效成分，改良黄酒工艺，精心酿造而成。9月，公司铜管乐队组建成立，"会稽山"被国家商务部列入首批"中华老字号"名单。10月，公司获"浙江省质量管理奖"。10月25日，"会稽山国酒"新品推介会在宁波举行，"国酒1998""国酒2000"两款新品上市。

2007年元旦，为建立健全会稽山企业文化体系，规范企业行为，弘扬企业精神，明确企业愿景、使命、价值观以及经营理念，增强公司凝聚力和向心力，营造和谐创新的企业文化，公司正式发布了企业文化框架及基本内涵。此举对于重塑企业形象，弘扬百年会稽山品牌文化，光大黄酒事业，构建会稽山创新、发展、和谐的企业文化起到重要的推动作用。会稽山企业文化框架及内涵如下：

会稽山绍兴酒有限公司文件

会稽山〔2007〕3号

关于发布"会稽山企业文化框架及内涵"的通知

各部:

为建立健全会稽山企业文化体系,规范企业行为,弘扬企业精神,明确企业愿景、使命、价值观以及经营理念,增强公司凝聚力和向心力,营造和谐创新的企业文化,经研究并广泛征求意见,确立会稽山企业文化基本框架及内涵,现发布如下,(见附件),请各部组织本部员工认真宣贯。

二〇〇七年一月四日

主题词: 发布 企业文化 通知

会稽山绍兴酒有限公司   校对: 杨国军   2007年1月4日发

关于发布《会稽山企业文化框架及其内涵》的通知

企业文化是企业的核心竞争力,也是真正能够凝聚人心的力量。企业文化竞争是市场竞争的最高层次。低层次竞争靠价格,中层次竞争拼质量,高层次竞争比文化。

一个企业必须有自己独特的企业文化,如同一个人要有自己独立的人格一样,经营企业就是经营人心,经营人心就要靠文化,企业文化是企业的灵魂。我们打造企业文化,是为了不让人感受到"前人种树、后人乘凉"的悲凉之情,而是培植"吃水不忘挖井人"的感恩之心,这也是"会稽山"这棵百年老树能够持续催生新枝绿叶的核心所在。

经营理念:用心酿酒,贴心服务

一家企业如果没有确立基于真诚、服务客户、奉献社会

的经营理念，就无法塑造出良好的企业形象。具体体现为
"心""行""新"三个字。

"心"，代表"思想力"，初心、用心、贴心；

"行"，代表"执行力"，专注、践行、精进；

"新"，代表"前瞻力"，创新、变革、振兴。

价值观：诚信、敬业、合作、创新

诚信打造质量，敬业奉献岗位，合作促成双赢，创新成就财
富。诚信为会稽山生存之本，诚信产生信任，要求员工说到做到，
信守承诺，履行约定。忠实于自己，忠诚于企业。

企业使命：崇尚自然，倡导绿色，精酿细作，
向消费者奉献永远健康和无限乐趣

会稽山立足百年传承的传统酿制技艺，以酿造绿色健康的原
生态产品为己任，精酿细作，精益求精，向消费者奉献健康、时
尚的酒类产品，使饮酒成为陶冶情操、融洽关系、提升感情的良
好媒介，成为一种美好的乐趣和享受。

企业愿景：打造黄酒世界名牌

审时度势，把握国际经济发展脉搏，以打造全国市场，拓展
国际市场，努力把会稽山品牌培育成黄酒世界名牌为愿景，积极
挺进国际市场。

企业精神：诚实做人，用心酿酒，追求卓越

会稽山倡导，酒品如人品。只有具备了诚实的人品，才能酿得精良的酒品，才能与公司的所有合作伙伴，建立良好的互信关系，取得双赢共好局面。

会稽山能历经百年岁月历练而长盛不衰，是因为公司一直秉承"诚实做人，用心酿酒，追求卓越"的企业精神。

冰冻三尺，非一日之寒。成功的人生源于诚信的基石和细小的积累。只有细节的执行到位，才能确保取得卓越的绩效。唯有卓越，才能成就会稽山品牌的美誉度和忠诚度；唯有卓越，才能担当行业先锋，笑傲中国黄酒业；唯有卓越，才能铸造会稽山民族品牌千年辉煌！

学习理念：学习力就是竞争力

没有学习，就没有创新。公司倡导终生学习的理念，把自我提升和企业发展有机结合起来，通过学习，促进自我提升，推动企业进步。

用人理念：德才兼备，大胆使用；有德缺才，教育使用；有才缺德，监督使用；德才缺失，坚决不用

"德才兼备是圣人，有德无才是君子，有才无德是小人，无德无才是愚人。"公司坚持德才兼备的用人理念，以德为本，以德为先，唯才是举，量才施用。让想干事的有平台，能干事的有机会，干成事的有地位。"会稽山"能持续百年辉煌，蒸蒸日上，厚德与才智的用人理念是重要决定因素。

工作理念：态度决定高度，细节决定成败

一个人一生可以做的事情有很多，但能够干成的事却很少。要抓紧时间做好一件事。怎么做好一件事，就要有一种使命感。使命产生责任，责任提升能力，能力获得信任，信任带来机会，机会又能提升能力。

质量理念：质量是一口一口喝出来的

质量是企业的生命线，是打造品牌的基础，也是"会稽山"的立厂之本。一个品质优良的产品，不一定有好的品牌，但一个好的品牌，必定有强大的质量基础作支撑。

会稽山严格遵循质量"三让步"原则：当产量与质量发生矛盾时，产量让步；消耗与质量发生矛盾时，消耗让步；用工与质量发生矛盾时，用工让步。

企业宗旨：诚待客户，创造价值；德报社会，创造财富；恩泽员工，成就自我

公司从客户、社会、员工三个层面，着力于客户和社会价值的创造，酿造健康黄酒，畅享美好生活。为员工搭建实现个人价值的发展平台，和客户构建合作共赢的发展关系，为国家创造良好卓越的经济社会财富。

管理理念：成功源于细节，态度决定一切

用心做事，把一件事做到极致。真诚待人，成就他人才能成

就自己。只有完美的团队，没有完美的个人。只为成功找方法，不为失败找理由。关注细节管理，注重目标绩效。企业的竞争归根于细节的竞争。对细节的关注和重视程度最终体现企业综合竞争力的高低，"会稽山"的每一缸酒，每一瓶酒，都由很多细节组成。只有注意细节，在细节上做足功夫，才能保证企业基业长青。

第二章
亮剑"央视"

　　2005年11月18日，北京梅地亚中心，CCTV黄金资源竞拍现场人声鼎沸，"179"号频频亮牌，成为当天招标现场的焦点。

　　"179"号的持有者正是被誉为"黄酒之源"的东风绍兴酒有限公司旗下品牌"会稽山"。"179"，谐音"要吃酒"，喻意会稽山"要持久"地屹立于中国黄酒名牌阵列。

　　随着拍卖师的一锤定音，最终，"会稽山"以近7000万元价格一举拿下2006年央视黄金资源4个标的物广告，成为"2006年全国黄酒第一标"。

　　首次参加央视招标便大获全胜，借助招标这一市场杠杆，"会稽山"由区域市场走向全国市场，实现市场升级，为复兴"会稽山"这一百年老字号注入了全新活力，为振兴黄酒行业吹响了奋进的号角。

　　随后，以亮相央视为契机，公司积极实施营销创新战略，通过通路创新，全面整合销售渠道，提升品牌地位，做实网络布点，在渠道的精耕细作上下功夫，逐步覆盖市场盲点，快速打通全国市场。通过重心下移，将经销驻点由省会城市逐步向地市级、县城、乡镇三级网络渗透，突破区域壁垒，健全网络结构，扩大市场空间。

　　2006 年 11 月 8 日，"会稽山"与香港凤凰卫视建立战略合作关系，投资 500 万元，利用凤凰卫视在中国大陆和香港台湾地区及日本、东南亚地区以及澳洲、新西兰、中东等地的良好资讯和美誉，传播"会稽山"形象广告，打造"会稽山"国际品牌。11 月 17 日，恰逢"会稽山"收购嘉善黄酒一周年之际，公司再次以 6250 万元价格收购嘉善黄酒 2500 万股国有股，股份占比提升到 86%，成为嘉善黄酒控股股东。11 月 18 日，北京梅地亚中心，2007 年央视黄金资源招标会再次开幕，经过角逐，"会稽山"与央视建立战略伙伴关系，并与 CCTV-5、CCTV-8、CCTV-10 等央视最具特色的专业频道达成全面合作意识，总价值达 6000 万元。

　　同年，"会稽山"开始"试水"体育营销领域，并进行多项和

"会稽山"亮相凤凰卫视

体育相关的营销活动，除赞助 FIBA 世界女篮赛、世界华人篮球联赛外，旗下品牌"水香国色"成为江苏省第十六届运动会指定用酒。公司还被商务部认定为首批"中华老字号""全国食品安全示范单位"。

2007 年 6 月，由新加坡亚视新闻国际台拍摄的八集电视记录片"GET DRUNK IN CHINA"（醉饮神州）上线开播。8 集依次为"绍兴酒、茅台酒、五粮液、汾酒、二锅头、孔府家酒、吉林冰葡萄酒、燕京啤酒"。其中，"绍兴酒"在会稽山公司拍摄完成。7 月 13 日，由会稽山公司组织实施的"运用现代分离等黄酒降度技术开发低度营养黄酒"项目通过省级鉴定。9 月，"会稽山"获"中国名牌"称号，成为当时中国黄酒业中唯一同时拥有中国"驰名商标""中国名牌""国家免检产品""中华老字号""国家地理标志保护产品"等五项国家级荣誉的企业。同年，公司被评为"全国酿酒行业劳动关系和谐企业"。

12 月 12 日，"会稽山与绍兴酒文化"学术研讨会暨 2007 绍兴市越文化研究会一届三次理事会年会在会稽山公司举行。越文化研究会理事会及下属专门委员会会员共 40 多人参加会议。会上同时举行了越文化研究会下属黄酒文化委员会授牌仪式。时任公司总经理傅祖康应聘担任黄酒文化委员会主任。会上，越文化研究会专家何信恩、周幼涛、钱茂竹、朱元桂、任桂全、徐嘉恩、裘士雄等分别就会稽山与绍兴酒文化从历史、文化、酒俗、酒风、酒政等不同侧面进行了学术研讨。会上，邹志方教授作了"陆游与酒"专题讲座。

2008 年，公司被评为"2005—2007 年中国黄酒制造行业排头兵企业""中国糖酒食品业十大企业""中国糖酒食品业畅销品牌"。5 月 12 日，四川汶川发生特大地震灾害，会稽山公司第一时间向灾区人民捐助人民币 20 万元。8 月，经过浙江省卫生厅组

高清纪录电影《水客》开机仪式

织的专家评审，会稽山公司通过保健食品 GMP 认证审核。 这也是中国黄酒业中首家通过 GMP 认证的企业。项目总投资 2000 余万元，其中洁净区面积 500 平方米，设计产量为时产 4000 瓶保健黄酒。经检测，该生产线洁净区温湿度、风量、尘埃粒子、浮游微生物、压差等七项指标均达到十万级洁净度等级要求。

9 月 19 日，国内第一部以越乡黄酒文化为背景创作的高清纪录电影《水客》在公司开机。《水客》由会稽山公司与香港阳光卫视联合拍摄，以公司前身云集酒坊第五代传人周清的生平为线索，用真实电影的记录形式，重现一段绍兴黄酒的历史，带领观众一道感受仿佛触手可及的真实岁月。10 月 10 日，原国家烟草专卖局副局长潘必兴先生将他收藏的一坛由云集酒厂酿制的 1956 年冬酿大坛加饭酒捐赠给公司。12 月 26 日，以"中国味·和天下"为主题的黄酒文化与产业发展高峰论坛暨会稽山绍兴酒福建上市发布会在福建泉州酒店隆重召开。来自中国黄酒行业的权威专家、学者、来自绍兴、泉州二市的分管领导、国内酒类权威媒体代表、国内黄酒企业代表、福建九地市酒业经销商代表，以及在闽各主流媒体代表、社会各界知名人士共 500 多人齐聚一堂，共同探讨黄酒文化传承与产业发展大计。

第三章

战略定位

2009 年 5 月，会稽山公司出资 500 万元聘请"定位之父"特劳特中国合伙公司对"会稽山"品牌进行了立体式战略定位研究。同时聘请上海一策划公司对公司产品进行营销标准化工作的具体落地，旨在于明确品牌定位，进一步打响绍兴黄酒整体品牌，开创了中国黄酒品牌战略定位的先河。

2009 年 7 月 1 日，会稽山发展战略定位培训会议现场

7月2日，"会稽山"战略定位宣传动员大会召开。会上，公司总经理傅祖康作战略实施动员。随后，基于竞品的"绍兴人爱喝的绍兴黄酒"核心定位新鲜出炉。

> 绍兴黄酒闻名天下。在绍兴黄酒的故乡绍兴，人们更爱喝会稽山。会稽山，始于1743年，绍兴人最爱喝的绍兴黄酒。[①]

作为全国黄酒行业中首家实施品牌战略定位的企业，"会稽山"的这一动作在黄酒这个古老的行业引发极大反响。

根据品牌战略定位方案，"会稽山"围绕"绍兴人爱喝的绍兴黄酒"这一战略定位，着重做好产品梳理和提升方面的工作，重点打造"国标"和"纯正"绍兴酒两大系列。

同年，"会稽山"断然砍掉18个同类产品，配合全新品牌战略定位，推出了战略性品项会稽山"纯正五年"。

2009年10月，"会稽山纯正五年"正式上市。棕色厚重的方形酒瓶，大红喜气的烫金商标，厚实的手感，纯正醇和的口感，融道家智慧与儒家文化于一体，与企业"黄酒之源"的行业地位和品牌地位配衬。加之酒体融合现代生物工程技术和膜分离技术，醇和清爽，一上市就获得市场青睐。

随后，"会稽山"从安昌、平水、杨汛桥、袍江等周边镇街开始，采用"围点打援"战术，立足周边，辐射市区，借力扁平化营销，完成了产品的深度分销，逐步确立了"纯正五年"的市场主导地位，成为引领绍兴黄酒产业发展的"风向标"。

以"纯正五年"为平台，"会稽山"不断加强标准化制度建设。

---

① 最后定稿广告语中取消了"最"字。

会稽山战略定位产品——纯正五年绍兴酒

建立"产品、制度、做人"的标准，加强市场监管，改变考核方法，强化绩效评估。同时按照 4P 营销理念以及品牌定位的要求组织生产，确保产品精致化；按照战略要求实施产品销售；确保目标精准化、形象国际化、品牌年轻化。以统一的理念和步伐，推动企业再上新的台阶，实现新的跨越，市场份额不断扩大。

"纯正五年"酒瓶设计理念如下：酒瓶以棕色为主基调，辅以大红底色商标，一暗一明，一阴一阳，寓意和谐之道；酒瓶凹凸有致，刚柔相济，与酒性吻合；瓶身端庄亮丽，方中见圆，喻意"外圆内方"人生哲学。外圆，指做人圆通；内方，指做事讲规矩；瓶壁"始创于1743年"繁体字，体现"会稽山"近三个世纪的品质内涵以及黄酒消费"回归"纯正的主流趋向；瓶肩云彩既寓意中国传统文化中的祥云，又喻指会稽山前身"云集酒坊"；大红主色商标上"会稽山"三个隶书大字，与饰有中国花纹的黑色瓶盖融为一体，庄重典雅，凸显酒品霸气。

"纯正五年"品质不仅得到上海、江苏和杭州周边城市消费者肯定，还得到国际顶级品酒师的好评。

2009年11月9日，一个由美国、意大利、法国、新加坡、智利等多位国际顶级红酒品酒大师组成的国际品酒团，现场品尝"会稽山纯正五年"绍兴酒后，认为酒品质完全可与世界顶级红酒媲美，给出98分高分。

> 诱人的琥珀色，浓而优雅的香气，淡淡的麦曲香，舒服优雅，浓厚圆润，丰满轻盈，结构平衡，感觉清爽。

2010年，"会稽山纯正五年"单品销售近40万箱，2011年突破100万箱，较上一年增长250%，荣登行业领军杂志《新食品》发布的2010中国酒业风云榜榜单，被誉为"黄酒产品新标杆"。

2009年11月9日，世界品酒大师盛赞"会稽山"

有研究机构认为，"纯正五年"对于"会稽山"以及整个绍兴黄酒产业的发展都具有重要的战略意义和示范效应。

其一，实现了产品价值回归。将黄酒五年陈原来12元左右的零售价提升到了20元左右，为增加市场投入提供了基础；其二，提升了产品价值空间。为做大产业蛋糕，改善黄酒企业生存状态作出了贡献。

2013年，"纯正五年"年销售突破200万箱，较2011年翻了一番，占公司总销售收入的20%左右，成为"会稽山"历史上继"简加饭"之后又一重量级升级版产品。随后，年销售量稳定在300万箱左右，成为中国黄酒业实施品牌定位、品项聚焦，打造超级单品的经典案例。

"纯正五年"的成功让"会稽山"尝到了品牌聚焦的甜头，也引来了业内同行的竞相效仿。

营销理论认为，当超级单品的潜力发挥到一定程度，进入成熟期之后，企业必须进行持续的产品和价格的升级，从营销层面进行组织体系、考核机制、操作模式等方面的创新，通过培养更多的"明星产品"，实现企业的可持续发展。

现如今，"纯正五年"已从区域级超级单品成为了全国性超级单品，成为了"会稽山"企业的核心竞争力，为中国黄酒产业的创新发展提供了经典案例。

2007年，会稽山绍兴酒有限公司引进中信产业基金，通过向特定投资者增发股份（4500万股），完成了引进战略投资者和股份制改造的工作，正式启动IPO进程。精功集团有限公司为公司第一大股东。9月29日，经国家工商总局核准，公司再一次更名为"会稽山绍兴酒股份有限公司"。

是年，"会稽山"品牌以5.29亿元荣登"中国最有价值商标500强"，获"中国名牌"称号，首批300家"全国重点保护品牌"称号，"全国酿酒行业劳动关系和谐企业"称号。

2008年，"会稽山"出资参与浙商银行股份有限公司增资扩股工作获得国家银监会批准，公司共出资人民币13852.08万元，以每股1.21元的价格参与浙商银行增资扩股，共计11448万股。是年，公司获评全国酿酒行业信用等级"AAA"级信用企业。同时，顺应国内消费需求，首开中国黄酒业"酒庄"营销先河。每个会稽山"酒庄"价值5万元，包括100坛（每坛35公斤）会稽山2007年冬酿加饭酒。首批500个"酒庄"酒一经推出即被抢购一空。2009年，"会稽山"再次推出10000个小酒庄，受到消费者热捧。

2014年8月25日，会稽山股票在上交所上市，股票代码601579

2009年1月，经新一届董事会选举，金建顺出任公司董事长。同年，"会稽山"联手国际策划公司，实施品牌战略定位，全面启动品牌"聚焦"工程。

随后，公司遵循"以市场为导向，以管理为抓手，以创新为手段，以增效为目标"的工作思路，转变思路，推进企业品牌提升、产品聚焦、技术创新、项目建设、市场拓展、企业上市等工作。2009年，公司实现销售收入6.39亿元，实现净利润9544.89万元。

2010年3月，由"会稽山"冠名赞助的第二届中国越剧艺术节献礼演出"《同一台戏》'会稽山之夜'北京越剧大舞台"在北京长安大戏院亮相；同月，央视《走遍中国》栏目组走进"会稽山"，寻访"会稽山"百年传奇历史，拍摄《冬酿春榨》专题片。4月28日，"会稽山"年产20万千升中高档绍兴黄酒一期年产4万千升项目工程在湖塘鉴湖江畔奠基兴建。项目总投资4亿元，采用模块化布局创新设计，自动控制，借鉴吸收国内外多项创新成果，多项技术处于国内领先水平。5月，公司入选国家粮食局和中国农业开发银行"重点粮油产业化龙头企业"名单；同月，由阳光卫视摄制、公司独家投资拍摄的国内首部黄酒题材数字电影《水客》通过国家广电总局电影管理局审查（电审数字〔2009〕第248号）。7月，浙江省科技厅、省财政厅联合下发《浙科发农〔2010〕135号〈关于下达2010年农业科技成果转化资金项目计划的通知〉》文件，公司"稽山清黄酒产业化"项目获省农业科技成果转化资金资助。8月，公司入选"2010绍兴市百强企业"名单，被中国市场营销研究中心授予"2010营销创新奖"。9月30日，中共中央政治局常委、国务院总理李强（时任浙江省委常委、省委秘书长）率省委政策研究室、省委组织部、省委创先争优活动领导小组办公室等相关负责人来会稽山调研民营企业党组织创先争优活动情况。10月，《会稽山报》获绍兴市"2010年十佳企业报"称号。12月，公司获"浙江省劳动保障诚信单位"称号。

2011年4月18日，"会稽山"第三期"酒庄酒"发售；4月20日，"会稽山"（湖塘）年产四万千升黄酒项目破土动工。5月26日，中国国民党主席吴伯雄在台北国民党总部会见浙江省委书记赵洪祝一行，赵洪祝向吴伯雄赠送"会稽山"20年陈绍兴酒。6月29日，"会稽山"举行庆祝建党90周年纪念大会。8月28日，公司领导前往东海舰队舟山某军港，专程慰问第八批护航编队凯旋。

2012年，"会稽山"实现销售收入9.75亿元，实现净利润1.27亿元，经营形势呈现出良好发展势头。是年，公司先后荣获"中国食品工业实施卓越绩效模式先进企业""浙江省农业科技企业""浙江省品牌文化建设优秀企业""'绍兴黄酒酿制技艺'浙江省非物质文化遗产生产性保护基地""浙江食品工业百强企业""全国食品工业优秀龙头食品企业""中国工业行业排头兵企业"等殊荣,企业品牌价值和形象得到有力提升。

2013年1月18日,"会稽山"被授予"浙江省思想政治工作优秀单位"称号,成为省内唯一获此殊荣的酒类生产企业;1月20日,国家公众营养改善项目办公室授予会稽山"营养健康产品研发生产基地"称号;1月23日,"会稽山"变革与创新大讲堂开讲;1月24日,来自台湾19所大学的120多名大学生参观会稽山黄酒博物馆及"纯正五年"生产线,参访团由台湾前立法委员周荃和台北大学政治经济研究中心主任、央视特约评论员郑又平博士带队。3月8日,根据《食品工业企业诚信管理体系建立及实施通用要求》,经专家评审,"会稽山"通过"诚信管理体系"认证。同年,"会稽山"与江南大学联合研究的"微氧技术在黄酒大罐贮存中的研究应用"项目获"中国酒业协会科学技术奖"二等奖。7月4日至5日,由中国酒业协会黄酒分会主办,"会稽山"承办的"2013全国黄酒评酒委员年会暨轻工优势品牌产品评选会议"在鉴湖路1053号公司总部召开。

7月8日,"会稽山"年产4万千升黄酒项目首个单机(空压机)项目,一次性试车成功。8月22日,由贵州省经信委副主任、省民营经济发展局局长龙超亚为团长的贵州百名民营企业家东部行代表团一行100多人来公司参观学习。10月21日,"吃大闸蟹,品会稽山"美食养身活动在苏州举行,国内知名美食专家、学者,30多家新闻媒体以及"会稽山"江浙地区主流经销商共300余人共聚一堂,持蟹品酒,上演了一出现代版的时尚"蟹酒会"。活动分"品江南""醉江南""秀江南"三个篇章,旨在传承中华美食文化,倡导健康、养生的饮食理念。10月25日,"会稽山"领导率队赴上海浦东中国极地研究中心,慰问即将奔赴南极科考任务的"雪龙"号。

11月22日,中国企业联合馆与2015年意大利米兰世博会

"会稽山"参展 2015 意大利米兰世博会

公司参展协议签署仪式在上海意大利中心（原上海世博会意大利馆）举行，"会稽山"成为首家确认参与 2015 年意大利米兰世博会中国企业联合馆的企业。12 月 7 日，"会稽山"九届一次职工代表大会召开；12 月 17 日，"会稽山"与酒仙网电子商务股份有限公司在上海举行战略合作新闻发布会，双方正式签署战略合作协议；12 月 18 日，"会稽山"成为 2015 年米兰世博会中国国家馆金牌赞助商签约仪式在柯桥总部举行，"会稽山"为中国企业联合馆首家参展企业。

2015 年 8 月 11 日，时任会稽山总经理傅祖康率团赴意大利米兰参加世博会，并在米兰中国企业联合馆主办"黄酒之源，文化之脉——会稽山绍兴酒百年世博主题论坛"，让更多的意大利人民感受华夏国酒文化以及独特魅力。

2013 年，绍兴市人民政府下发《关于培育十大重点产品加快构建现代产业体系的实施意见》文件（绍政发〔2013〕50 号），"黄酒及相关产品"被列为十大重点培育产品之一。"会稽山"被列为龙头企业，"会稽山黄酒研究院"被列为重点企业研究院。公司入选 2013 年中国工业行业排头兵企业名单。

2014 年 8 月 25 日，"会稽山"股票登陆上海证券交易所，股票代码 601579。发行价 4.43 元 / 股，共发行 1 亿股，募集资金主要用于年产 4 万千升中高档优质绍兴黄酒项目，"会稽山"成为国内第三家黄酒企业上市公司。会稽山股票的成功上市，标志着会稽山的历史从此迈入了新篇章，也为百年老字号的可持续发展奠定了坚实的基础。

10 月 19 日，以"感恩·合作·共赢"为主题的"会稽山"股票上市客户答谢会在柯桥举行。会稽山部分经销商、供应商代表300 余人应邀出席，本次会议，既是与合作伙伴共同分享会稽山股票上市这一美好时光的分享会，也是向公司所有合作伙伴表达感谢和诚意的答谢会，更是与广大合作伙伴增加沟通交流，提振发展信心，致力共同进步的宣誓大会。

10 月 22 日，时任浙江省经信委主任张金如在绍兴市、柯桥区经信委相关负责人陪同下参观调研"会稽山"年产 4 万千升中高档绍兴黄酒生产线项目。在听取公司相关汇报后，张金如对"会稽山"在黄酒酿造机械化、自动化、信息化方面的创新举措表示赞赏。

第五章
资本扩张

会稽山的资本扩张之路始于 2005 年。

2005 年 11 月 18 日，当时的东酒公司以 8920.50 万元价格竞得嘉善黄酒 42.72% 的股份。11 月 23 日，东酒公司控股股东"轻纺城"发布公告：

浙江中国轻纺城集团股份有限公司四届三十次董事会审议通过了《关于子公司东风绍兴酒有限公司（注册资本 1998 万美元，公司持有其 51% 的股份）拟竞拍浙江嘉善黄酒股份有限公司部分股权的议案》。董事会同意东风酒公司参与竞拍嘉善国有资产经营有限公司持有的嘉善酒公司 2850 万股的股权挂牌竞买，确定竞投价为每股 2.01-3.20 元。

东酒公司 2005 年 11 月 18 日在嘉兴市交易中心报名参与嘉善酒公司 2850 万股国有股权项目的挂牌竞买，最后以每股 3.13 元价格竞得，总成交价 8920.50 万元。东风酒公司竞得的嘉善酒公司的股权占其总股本的 42.72%。

成为"嘉善黄酒"第一大股东后，"东酒公司"年黄酒产能从 6 万千升跃升至 12 万千升，位居黄酒行业第一位。

随后，公司又分三次收购了嘉善黄酒 86.63% 的股份，由此开创了中国黄酒业跨区域收购兼并的先河。

2015 年 1 月 30 日，会稽山（601579）发布公告，公司拟与浙江东方绍兴酒有限公司（简称"东方公司"）签署《股权转让合同》，公司受让东方公司持有的绍兴市柯桥区醉之缘酒业有限公司（简称"醉之缘酒业"）100% 股权及股东全部权益并承担与资产相关之全部负债，交易总价格 7300 万元。通过本次交易，公司对醉之缘酒业名下的 43986 平方米土地使用权进行资源整合，为公司湖塘厂区后续发展储备必要的土地资源。

6 月 12 日，"会稽山"再次发布公告，公司拟以 13.86 元 / 股非公开发行 1.3 亿股，募资不超过 18 亿元。其中，65262 万元用于年产 10 万千升黄酒后熟包装物流自动化技术改造项目，4 亿元用于收购乌毡帽酒业有限公司 100% 股权项目，8160 万元用于收购绍兴县（现柯桥区）唐宋酒业有限公司 100% 股权项目，实现黄酒行业的整合。其中部分增发股票用于开展公司第一期员工持股计划。

此次，"会稽山"涉及收购的"唐宋"和"乌毡帽"两家酒企均为中国黄酒行业第二梯队中的主力军。

唐宋酒业地处绍兴湖塘，毗邻鉴湖，是绍兴 15 家具有"绍兴黄酒"生产资质的企业之一，在品牌、渠道等方面具有一定优势，是绍兴黄酒第二梯队的领头羊。

乌毡帽酒业有限公司，地处浙江安吉，以生产清爽型黄酒为主。销售网络遍布江苏、上海、浙北及皖南等地，在苏南和上海市场占有率较高。始创于 1948 年的乌毡帽酒业，原名"永绪酒坊"。1991 年更名为浙江丰宝酒业总厂。2010 年 10 月 22 日更名为"乌毡帽酒业有限公司"。

"乌毡帽"的品牌故事源于绍兴"三乌"（乌毡帽、乌篷船、乌干菜）文化。1997 年，浙江丰宝酒业总厂以 138 万元的价格从绍兴人手中购得"乌毡帽"商标。18年之后,"乌毡帽"回归故里。

完成对两家同行酒企的并购后,"会稽山"借助资本、管理、人才输出等形式,致力于并购企业内部整合和精细化管理工作提升,协助并购企业搭建符合现代企业发展模式,并进一步优化运营管理体系,促使企业资源配置更趋合理。同时,将继续坚持传承与创新并重,按照现代企业的运营模式,规范管理、规范工艺、提升质量,充分利用并购企业在区域市场、品牌影响、销售渠道等方面的优势,整合资源,做足特色,做强品牌,扩大市场占有率。

随后,公司持续践行精细化、信息化管理理念,构建技术、营销和管理信息化网络,围绕质量、市场、品牌、财务、信息、物流等多个核心,创新管理模式,加大整合力度,全面构建会稽山企业的核心竞争力。通过收购兼并,解决了企业快速拓展销售渠道,实现多样化销售层次,提升销售的规模效应。同时,企业资产结构得到进一步优化,财务结构更加稳健,符合企业发展战略和长期持续发展。

在注重品牌建设同时,"会稽山"重视企业文化建设,公司以变革与创新大讲堂以及微信群为平台,大力推进管理、技术、营销等方面的各项改革举措;以"酿酒用心,服务贴心"为企业理念,着力营造"传承、创新、发展"的企业氛围。通过创新人才培养模式,启动人才"发酵计划",选送中高层干部赴相关高校研读EMBA,为企业发展储备中高级人才,不断提升企业的核心竞争力。

2016年12月12日,浙江省绍兴市柯桥区人民法院在淘宝网司法拍卖网络平台上发布了《绍兴市柯桥区人民法院关于拍卖浙江塔牌绍兴酒有限公司股权的公告》的拍卖公告及相关资料。本次拍卖标的为肯利达纺织持有的塔牌绍兴酒1182.55万股股权，占总股本的 14.78%。12 月 29 日，"会稽山"通过网络参与司法竞拍，最终以 1.61 亿元的成交价竞得"浙江塔牌绍兴酒有限公司"14.78% 的股权，成为"塔牌"第二大股东。

2018 年 8 月 15 日，公司收购 51% 上海会星星在酒类销售有限公司股权，上海会星星在酒类销售有限公司成为公司控股子公司。2022 年 9 月 6 日，经公司研究，同意会星星在公司股东同比例增资，注册资本由 500 万元增加至 1150 万元。9 月 21 日，会星星在公司完成股东增资并办理注册资本工商变更登记。11 月 30 日，公司出资收购汪凤春持有的会星星在公司 49% 股权，至此，会星星在公司成为公司全资子公司。

第六章

两化融合

2010年4月28日，"会稽山"年产20万千升中高档绍兴黄酒一期年产4万千升项目工程在湖塘鉴湖江畔奠基兴建。中国酿酒工业协会（现中国酒业协会）黄酒分会、绍兴县（现柯桥区）四套班子领导、县发改委、经贸、财政、国土等有关部门、湖塘街道、绍兴黄酒业同行以及当地媒体共200余人出席开工仪式。

项目总投资4.18亿元，系2009年浙江省重点建设项目和2010年浙江省重点技术改造"双千工程"项目。包括制曲、发酵、成品三大车间以及生产保障（35kV变电站、河水处理中心、污水处理站）等辅助部门。采用模块化布局创新设计，在原料预处理、浸米、放浆、湿米输送、蒸饭、米饭（曲）输送、发酵、醪液输送、压榨、澄清、勾兑、煎酒、灌坛等整个黄酒酿造过程中，实现了自动化、信息化生产控制，技术工艺先进，产品质量优良，实现了从传统制造向现代先进制造的转型升级，填补了国内黄酒生产综合自动化系统的空白，技术处于国内领先水平。2013年10月，项目正式投产运行。

该项目的成功实施，为我国酿酒行业"机器换人"作出了示范，在节约资源、集约用地、环境保护、食品安全等方面树立了样板，为推动黄酒从传统制造向自动化制造的改造提升提供了范例，为企业获取可持续竞争优势提供了发展势能，为产业创新发展提供了可资参考的案例。与此同时，公司不断深化应用研究，加强生产、质量、技术联合攻关，研究新工艺、新技术，开发市场适销的新产品。特别是大罐多点检测技术以及远程测控技术的成功应用，为产业提供了创新保障，多个项目荣获国家级科技奖。

2015 年，会稽山"生麦曲自动化生产系统技术"获中国轻工业联合会技术进步奖一等奖，列入国家火炬计划产业化示范项目（国科发资〔2015〕436 号），"黄酒酿造自动化控制系统研发与应用""黄酒麦曲自动化生产系统技术及应用"两个项目达国际先

两化融合管理体系评定证书

进水平，"黄酒自动化压滤系统及应用"项目国内领先，"黄酒酿造工程创新集成技术研发与应用"获中国酒业协会科学技术一等奖。

2018年1月8日，由江南大学、"会稽山"等四家单位参与完成的黄酒科研项目"黄酒绿色酿造关键技术与智能化装备的创制及应用"获2017年国家技术发明奖二等奖。这是当年国家科学技术奖中国酒类行业唯一获此殊荣的项目。

借力智慧酿造理念，同等规模项目占用土地只需原来的四分之一，吨酒耗水量减少了11吨，公司被认定为工信部清洁化生产示范企业，并在控制模式、食品安全、厂区功能等方面进行了升级。

控制模式升级　从依托手工感知的个人经验操作到多变量测控、大数据集成、模糊化控制，实现了智慧化酿造。

黄酒传统酿造过程和发酵控制主要依托人工经验，凭借师徒间的口口相传和个人长期操作的实践积累，受个人认知、学习能力和知识掌控能力的差异，酿酒师傅们各自的认知水平、控制经验、感官鉴别能力和现场掌控能力均有差异，从而极易导致酿成产品的质量参差不齐。如受制于自然环境和生态气候条件，当光照及温、湿度等气候条件较好时，酿成酒的品质合格率、优势品率较高；反之则易出现质量缺陷。

导入智慧酿酒理念之后，由于采用了大数据建模。加上中央控制室集成操控，使得对酿酒发酵参数的控制更为精准，产品品质更加可控，弥补了之前"靠天吃饭"的短板。

食品安全升级　从陶缸、坛等敞开式发酵到不锈钢大罐独立温控、全程不锈钢管道密闭输送，实现了清洁化生产。

传统黄酒酿造主要在缸、坛等发酵容器中进行，受容积限制，需要大量的陶缸、陶坛以及生产操作场地。经测算，按一万吨传统酿酒规模，需陶缸（七石缸）4500只，需23公斤装陶坛

60000 只；导入智慧化酿酒理念后，陶缸、陶坛被不锈钢大罐（前酵罐容积 70 立方、后酵罐容积 135 立方）取代，极大地节约了陶土资源及酿酒场地，减少了操作过程中酒的损耗、水耗。

通过容器替代升级，从之前对单一酒缸的控制转向依托远程测温操控发酵及"开耙"，对发酵进程的控制过程更为精准和统一，生产环境更为清洁卫生，产品品质更加可控，感官一致性更好，消费安全指数更高。

厂区功能升级　从单纯用于生产的传统工厂到集流程展示、消费体验、文化传播于一体的现代化工厂，实现了工业观光旅游。

随着安全监管的不断升级，消费者对品牌和产品工艺的深层探究欲望更强，企业需要更多地面对食品安全的考量和消费者的现实审问。而黄酒酿造容器的迭代，控制手段的升级，为互动营销和体验旅游提供了可能。企业也从之前封闭的专业化工厂向开放的、集生产、生活、生态于一体的观光展示、深度体能游转变，厂区的功能更加多元。清洁化、封闭式的酿造环境，为打造工业观光旅游，建构黄酒产业园区独特 IP 提供了前提。

借力消费者与品牌的深度互动，以及强大消费场景的营造，"会稽山"，这坛传承飘香了 280 年的百年陈酿，正展现出百年品牌的独特魅力，岁月陈酿，历久弥香。

第七章

黄酒小镇

2017 年 2 月 24 日，农历正月廿八。

这一天，"会稽山"总部从华舍街道鉴湖路 1053 号正式迁址湖塘街道杨绍路 2579 号新行政大楼，开始融入黄酒特色小镇建设进程。

20 天前，恰逢新春谷日，"会稽山"在湖塘新行政大楼四楼报告厅举行新春动员大会，会议由总经理傅祖康主持，董事长金建顺讲话。

60 年前，"会稽山"迁址湖塘七尺庙；60 年后再迁湖塘，百

杨绍路 2579 号会稽山新办公大楼

年会稽山开启了一段全新的发展征程。

有感于这一特殊的历史时刻，笔者写下了《百年追梦"会稽山"》小诗一首：

百年追梦"会稽山"

千岩竞秀，万壑争流，
稽山风物景秀，百里鉴水悠悠，
越酒自古多风流。

箪醪劳师，助越灭吴报家仇；
曲水流觞，醉书兰亭天下秀；
貂裘换酒，侠女丹心永不朽。

酒国东浦周云集，香飘异域惊美洲。
巴拿马，夺金奖，上国宴，争名优，
八大名酒，
夺金争霸不停留，
绍酒美名扬九州。

米兰世博，百年情缘，
梅开两度，香飘欧洲，再添锦绣，
G20，指定用酒，万众赞誉，百年口碑传神州。

云集会稽山，275个岁月春秋，
敬畏天地，用心酿酒，
不忘初心，匠心铸就。

小镇建设同携手，国酒振兴立潮头。

终有时，

八方荣耀，四海同庆，

共瞻望，

百年会稽著新花，再谱越酒新华章。

时间回到两年前。

2015 年 1 月 21 日，中共中央政治局常委、国务院总理李强（时任浙江省委副书记、省长）在浙江省第十二届人民代表大会第三次会议上作 2015 年《政府工作报告》，提出"加快规划建设一批特色小镇。按照企业主体、资源整合、项目组合、产业融合原则，在全省建设一批聚焦七大产业、兼顾丝绸黄酒等历史经典产业、具有独特文化内涵和旅游功能的特色小镇，以新理念、新机制、新载体推进产业集聚、产业创新和产业升级"。4 月，浙江省政府

黄酒小镇湖塘片区　会稽山绍兴酒股份有限公司俯瞰（彭新彬摄）

黄酒小镇

出台《浙江省人民政府关于加快特色小镇规划建设的指导意见》（以下简称《意见》），绍兴黄酒小镇（包括东浦、湖塘两大片区）被列入全省第一批特色小镇培育名单。

　　小镇湖塘片区依托黄酒产业支撑，以鉴湖景观为轴，规划为"一湖两岸三大片区"，北岸为十里湖塘休闲片和黄酒文化旅游片，南岸为黄酒产业片。总面积为 3.43 平方千米，其中核心区域建设面积约 1.2 平方千米，总投资超 60 亿元。小镇以黄酒传承保护和创新发展为主线，着力推进黄酒企业集聚，做大做强黄酒产业，做优做精黄酒产品，促进黄酒产业提档升级。打造一个融生产观光、展示体验、文化创意、休闲旅游于一体的特色小镇。

　　9 月 17 日，《浙江省人民政府办公厅关于推进黄酒产业传承发展的指导意见》（征求意见稿）向社会公开征求意见。

　　意见稿指出："到 2020 年，黄酒产业传承保护和创新发展取得积极成效。黄酒产业销售收入达到 100 亿元，全国市场占有率达到 40%，在全国黄酒行业的领先地位进一步巩固和提升；黄酒品牌影响力进一步凸显，培育 5 家左右全国知名的黄酒龙头企业；开发一批适应不同消费需求的黄酒新产品，黄酒消费区域和消费群体得到进一步拓展；加快创建绍兴越城黄酒小镇，建成若干个黄酒文化产业园，一批黄酒酿造传统技艺、民俗文化、老字号企业等得到有效保护和传承。"

10月30日，绍兴市越城区人民政府和"会稽山"当时的控股股东——精功集团有限公司签署了关于合作共建绍兴黄酒小镇（东浦）框架协议，小镇建设工作全面展开。根据协议，精功集团将在未来三年内负责筹措并落实到位资金50亿，在绍兴黄酒小镇（东浦）规划区4.6平方千米（其中约1平方千米水面）范围内，进行旅游开发建设。

11月13日，浙江省政府举行第56次常务会议，研究关于丝绸、黄酒产业传承发展的指导意见。11月16日，浙江省人民政府办公厅《关于推进黄酒产业传承发展的指导意见》（浙政办发〔2015〕115号文）正式发布。11月19日，浙江省人民政府召开常务会议研究振兴丝绸黄酒产业，大力推进历史经典产业传承创新发展。

2016年1月5号上午，李强一行来到湖塘黄酒小镇，实地调研小镇建设情况和会稽山公司，听取黄酒小镇项目建设，以及会稽山年产20万千升黄酒酿造及灌装项目总体规划，绍兴市、柯桥区等市、区政府的相关领导陪同调研。

在会稽山公司，李强走进车间现场，实地调研自动化蒸饭、制曲、发酵工艺流程和智能化控制情况，对"会稽山"围绕企业效益抓管理、围绕市场核心抓项目，围绕食品安全抓质量，围绕产业振兴抓提升，围绕工艺传承抓创新等工作予以充分肯定；对企业注重品质安全，以民为本、以质为重、以安为先，引领黄酒酿造向自动化、信息化、智能化方向发展给予高度评价。

李强强调："丝绸、黄酒是老祖宗给我省留下的巨大财富和遗产，要以高度的历史责任感做好传承保护和创新发展。要全面贯彻落实党的十八届五中全会精神，以创新发展为核心，坚持走市场化发展道路，充分发挥龙头企业和行业协会的作用；政府部门要加强引导和扶持，整合各种资源、搭建各种载体，规划建设特色小镇，真正把丝绸、黄酒产业打造成独树一帜、声名远扬的历史经典产业。"

李强指出，要结合深厚的黄酒文化底蕴，科学合理规划建设特色小镇，保留好"酒乡"特色；要把现代文化有机融入传统工艺，加强产品形象塑造宣传，提高产品包装设计，使绍兴黄酒更加富有活力；要紧密结合特色小镇建设，按照"特而强""精而美"的要求，引入创新要素，不断做强做精做优绍兴黄酒这一独树一帜的历史经典产业。

2月16日，为推进黄酒产业传承发展，落实省政府关于发展历史经典产业部署的重要环节，浙江省人民政府办公厅发布了《浙江省人民政府办公厅关于推进黄酒产业传承发展的指导意见》政策解读。（以下简称《意见》）

《意见》提出了总体要求："以传承保护和创新发展为主线，紧紧把握黄酒多样化消费趋势和'互联网＋'发展趋势，按照'强创新、育品牌、拓市场、扬文化、重安全'的思路，着力推动黄酒产业技术创新、名企名品名师培育、消费市场拓展、传统技艺文化传承和食品安全保障，推动黄酒产业持续较快发展，对经济和文化建设的带动辐射作用更为明显，成为全国黄酒产业传承发展的引领区。"

《意见》明确了"发展目标"：一是到2020年，黄酒产业销售收入达到100亿元，全国市场占有率达到40%，在全国黄酒行业的领先地位进一步巩固和提升；二是黄酒龙头品牌企业进一步凸显，培育5家左右全国知名的黄酒龙头品牌企业；三是开发一批适应不同消费需求的黄酒新产品，黄酒消费区域和消费群体得到进一步拓展；四是加快创建绍兴越城黄酒小镇，建成若干个黄酒文化产业园，一批黄酒酿造传统技艺、民俗文化、黄酒老字号企业等得到有效保护和传承。

《意见》提出六个方面工作任务："一是强化创新发展。建设省级重点企业研究院，突破一批黄酒产业亟待解决的基础性、关键共性技术；支持黄酒生产智能化，对黄酒企业相关智能化项目给予安排支持；支持黄酒企业产品创新，组织实施黄酒新品推介活动；二是培育黄酒名企名品名师。培育一批引领全国黄酒产业发展的大企业大集团，积极推进国有黄酒企业改革发展；实施黄酒企业文化创新、品牌创新、质量创新和标准创新工程，支持具有良好质量和市场基础的黄酒品牌进入'浙江制造'认证名录；建立健全黄酒专业人才培养体系，重点培养一批黄酒专业人才、酿酒大师和黄酒酿制技艺代表性传承人；三是开拓黄酒市场。加快开拓黄酒国内消费区域，加快向中西部、北方等新消费区域拓展，同时加大黄酒外贸出口；鼓励企业加强营销模式创新，选择一批符合'浙江好产品'入选标准的黄酒企业和产品入驻阿里巴巴'中国质造'平台；四是加强黄酒传统技艺和文化传承。加强黄酒传统酿造工艺的保护、传承和对传统黄酒酿制技艺文化的整理挖掘；支持黄酒企业以影视等文化作品、举办黄酒文化节等形式弘扬黄酒文化；推进黄酒特色小镇和黄酒文化产业园建设，支持符合省重大产业项目申报及奖励管理办法相关规定的黄酒项目纳入省重大产业项目库；五是注重黄酒质量安全。加强水资源保护和绿色种粮基地建设，确保黄酒水质和粮食原料的安全；推进黄酒企业诚信管理体系建设，建立质量安全可追溯体系，确保黄酒生产、销售、消费全过程质量安全；六是加强组织协调和政策保障。通过加强组织协调、加大财税金融扶持等保

绍兴黄酒小镇客厅

障黄酒产业的发展。"

2016 年 4 月 13 日,"会稽山"获中国酒业最高荣誉"仪狄奖"科技创新奖和 2015 年度"社会责任奖"。4 月 18 日,经过两个月的紧张建设期,地处会稽山黄酒产业园区的绍兴黄酒小镇客厅正式开门迎客。

绍兴黄酒小镇客厅是绍兴市特色小镇中第一个建成的小镇客厅,占地 700 平方米,呈"回"字形,是小镇对外展示的窗口,包括"遇见绍兴""技艺传承""小镇规划""品饮体验"四大功能区。

4 月 23 日,"会稽山"与钱江频道联袂打造、以"以爱为酒,用心封坛"为主题的会稽山首届"封坛节"在湖塘黄酒小镇广场启幕。6 月 24 日,浙江省总工会副主席张卫华一行调研湖塘黄酒小镇和"会稽山"。7 月 19 日,浙江省委常委、省委秘书长陈金彪调研湖塘黄酒小镇。9 月 3 日,首届"国际休闲品牌论坛暨中国会稽山黄酒休闲文化交流会"在香港如心海景酒店举行。9 月

8日，会稽山公司推行非公发行方案，实施第一期员工持股计划。9月13日，浙江省委常委、省纪委书记任泽民调研黄酒小镇和"会稽山"。9月28日，在浙江树人大学绍兴杨汛桥校区开园仪式上，公司与学校签订了校企合作协议，双方将共建浙江树人大学绍兴黄酒学院，为绍兴黄酒产业定向培养人才。10月26日，浙江省工业经济联合会、浙江省企业联合会、浙江省企业家协会联合公布2016年浙江省优秀工业产品名单。"会稽山"作为唯一一家酒类企业获浙江省工业大奖银奖，"会稽山牌纯正八年绍兴酒"被评为酒类中唯一的浙江省优秀工业产品。

10月31日，为明确"十三五"时期浙江全省非物质文化遗产保护工作目标任务，继续保持浙江非物质文化遗产保护强劲的工作力度与发展速度，浙江省文化厅发布了《浙江省非物质文化遗产保护发展"十三五"规划（2016—2020年）》（浙文非遗〔2016〕13号），提出开展传统工艺振兴行动，深入挖掘茶叶、丝绸、黄酒、中药、木雕、根雕、石刻、文房、青瓷、宝剑等十大历史经典产业的文化内涵。

基于上述政策导向，为解决传统黄酒生产占地多、强度大、耗能高、污染重等问题，"会稽山"以龙头企业的担当，大力实施循环经济和清洁化生产。以黄酒特色小镇建设为契机，创新理念，谋新思变，坚持质量、品牌两手抓，百年专注做好"一件事"，酿好"一坛酒"，全力构建以用心为核心的企业文化体系，为大众提供绿色、生态、健康、安全的黄酒，推动产业升级，为国内黄酒的创新发展作出了示范。

公司加强管理，导入ERP系统，利用新投产的年产10万千升黄酒后熟包装物流自动化项目，整合资源，构建了一套融智能化、信息化、自动化于一体的全新管控体系。搭建了"后熟储酒、包材供应、灌装生产、包装储运、物流配送"等互为一体的运作平台，实现了仓储库存动态可视、成品信息即时跟踪、产品质量全程追溯的高效管理。

"会稽山"年产 10 万千升黄酒后熟包装物流自动化项目包括两条进口的国际一流的灌装生产线和其他五条国产灌装线，实现了上百个品种、数十款瓶型的自动化生产、信息化管理和智能化控制。

国际先进装备，高效自控包装，智能立体仓储，现代集成管理。通过 ERP、CRM、WMS 系统的有效集成与融合，"会稽山"开创了中国黄酒从酿造生产到灌装储运的全程智慧酿造时代。

2017 年 1 月 12 日，中央港澳工作办公室主任、国务院港澳事务办公室主任（时任浙江省委书记、省人大常委会主任）夏宝龙调研湖塘黄酒小镇，参观"会稽山"智慧酿造生产线。3 月 23 日，第十四届全国政协常委、人口资源环境委员会主任（时任浙江省委副书记、省长）车俊来此调研。两位领导深入车间，在实地考察智慧酿酒过程后，充分肯定并高度评价"会稽山"在提升历史经典产业，推动经济转型升级工作中作出的贡献，并指示要以特色小镇建设为契机，进一步发挥绍兴黄酒的文化和产业优势，加快建设，做出特色。

2017 年 1 月 19 日，"会稽山"《黄酒自动化压滤系统及应用》项目获绍兴市科学技术奖三等奖。2 月，会稽山党委获柯桥区"五星级基层党组织"称号。3 月 19 日，"会稽山"典藏 20 年陈绍兴花雕酒获 2016 年度'青酹奖'酒类新品 TOP10"（黄酒类）殊荣；3 月 30 日，第二届绍兴黄酒封坛节暨"绍糯精酿"封坛仪式在绍兴东浦黄酒小镇举办；31 日，公司获"浙江省质量技术先进单位"称号。4 月 19 日，"会稽山"与浙江树人大学合作共建绍兴黄酒学院揭牌仪式在树人大学杨汛桥校区举行。5 月 12 日，"会稽山"下属绍兴中酒检测有限公司获国家认证认可委员会发布的 CMA

授权证书。5月27日，会稽山党委在四楼报告厅召开党员大会，选举产生新一届党委委员会。同年，"会稽山"档案管理工作通过档案工作目标管理省级认定，等级为"省级优秀"。

2017年10月27日，中组部组织二局副局长孙智宏一行在浙江省绍兴市柯桥区相关领导的陪同下来到会稽山公司督查企业党建工作。在实地察看党建阵地并听取企业汇报后，对公司坚持党建引领，锻造红色动力，党政融合，开创党委"专委制"的工作做法给予高度评价。

2019年11月18日，地处十里湖塘鉴湖南岸的"会稽山"黄酒博物馆举行开馆典礼，同时举行了"柯桥区社会科学普及基地"授牌仪式。"会稽山"黄酒博物馆总建筑面积10807平方米（不含外廊），使用面积9943平方米。地上2层，地下1层，包括"黄酒起源、绍兴黄酒、会稽风云、品牌传承、黄酒文化体验中心"五个展厅。序厅气势恢弘，其他展厅通过实物、资料、场景、图

2019年11月18日，会稽山黄酒博物馆开馆

会稽山"数字酒庄"

文、模型、多媒体等,展示了中国黄酒、绍兴黄酒以及"会稽山"品牌的历史文脉,演绎了百年老字号的传奇故事。

2020年11月4日,会稽山公司与蚂蚁集团、绍兴数梦工场科技有限公司在阿里中心·杭州Z空间光明顶举行三方战略合作协议签订暨黄酒区块链首发仪式。次年的8月25日,"藏新酒·喝老酒""会稽山数字酒庄"上链发布暨"人民·新国货"授牌仪式在会稽山黄酒产业园区举行。12月25日,经浙江省文化旅游厅、省经济信息化厅组织的专家实地验收,会稽山绍兴酒股份有限公司被认定为2020年"浙江省工业旅游示范基地"。随后,黄酒博物馆还被授予"绍兴市党员教育培训基地、绍兴市社科普及基地、柯桥区干部教育培训现场教育基地、柯桥区职工疗休养基地、绍兴市中小学教学实践基地"等多项称号。

2021年3月10日,广西壮族自治区党委常委、宣传部长(时任浙江省副省长)陈奕君一行参观会稽山黄酒博物馆。5月8日,以"中国味道·国潮封坛"为主题的第六届封坛节在会稽山公司举行。6月29日,杭州2022年第十九届亚运会官方供应商授牌仪式在杭州国际博览中心举办,"会稽山"成为杭州2022年亚运会指定黄酒。

2022年,浙江省文化和旅游企业梯度培育计划第一批领军企业、骨干企业、新锐企业名单公布,会稽山公司榜上有名,成为绍兴唯一一家入选梯度培育计划领军企业名单的黄酒企业。

第四篇章

老树新花　共奏华章

第一章
"中建信"重整入驻

2022年12月26日。"会稽山"迎来了新的控股股东。

这一天，中国证券登记结算有限责任公司上海分公司向会稽山公司出具了《过户登记确认书》。

同日，公司发布公告：精功集团持有的1.49亿股会稽山流通股股份已过户至中建信浙江公司。本次过户后，精功集团不再持有会稽山的股份，中建信浙江公司成为"会稽山"新的控股股东，与此同时，方朝阳为中建信浙江公司的实控人。

"会稽山"此次股权变更，源于原控股股东精功集团的破产重整。

2019年9月6日，精功集团陷入债务危机，向法院提出重整申请。2022年6月，精功集团与中建信控股集团有限公司（以下简称"中建信"）签署重整投资协议，中建信作为重整方拟支付投资对价为18.73亿元取得精功集团持有"会稽山"的1.49亿股股份（占会稽山总股本的29.99%），这些股份将全部转入中建信的全资子公司中建信浙江公司。

2022年12月1日，中建信浙江公司、精功集团分别编制完成了《详式权益变动报告书》《简式权益变动报告书》并履行了信息披露义务。12月9日，管理人已先行将精功集团持有的"会稽山"1484.18万股股份置入破产重整服务信托1号并办理完成了过户登记手续。

中建信公司成立于2004年，旗下拥有钢结构、再生纤维、新型建材、大健康、金融投资五大产业板块。2019—2021年的营业收入分别为72.45亿元、182.85亿元、236.55亿元，净利润分别为5.05亿元、4.85亿元、6.59亿元。

2022年12月27日，"会稽山"董事会审议通过了《关于注销公司回购股份并减少注册资本的议案》，同意将存放于公司回购专用证券账户的1789万股股份进行全部注销，本次回购股份注销完成后，公司总股本将由4.97亿股变更为4.79亿股，中建信浙江公司（以下简称"中建信"）的持股比例将被动增加至31.11%。

在"会稽山"的经营方案中，"中建信"提到，未来将结合会稽山产品"高端化、年轻化"发展思路，对公司组织架构进行调整，包括设立新市场拓展部，制定高级激励政策，将公司产品从目前长三角区域逐步拓展至北方空白市场，改变现有的销售区域格局。

此外，"中建信"还表示，将以现有的"兰亭大师""会稽山1743"为基础，继续增加中高端、年份酒品类，并开发增加适合年轻人的黄酒果酒、黄酒饮品以及高端烹饪的料酒，进行适度多元化，让"会稽山"品牌在更多的消费群体、更广的消费区域具有更广泛的影响力。

2023年1月17日，"会稽山"2022年度总结表彰大会在公司四楼报告厅举行。

会议的主题是"凝心聚力·创新突破"。在全面盘点过去一年公司取得的各项成绩及工作亮点的同时，对2022年度为公司

发展作出贡献的先进集体和个人进行表彰，同时规划部署2023年工作目标。公司党委副书记（主持工作）、副董事长、总经理傅祖康作总结报告。"会稽山"新的控股股东、"中建信"工作小组组长杨刚作了题为《凝心聚力·创新突破》的2023年经营思路报告，"中建信"董事长、会稽山公司实际控制人方朝阳出席会议并讲话。

方朝阳从"情结""信任""期待"三个层面作了分享。他介绍了"中建信"参与"会稽山"原控股股东精功集团破产重整的相关历程，感谢当地政府及社会各界对"中建信"的信任和支持，也期待"会稽山"这一百年品牌能够百年老树发新枝，传承创新再出发，重新扬帆起航，步入正常的发展轨道。

方朝阳表示，作为新的"当家人"，自己有决心和信心把"会稽山"这家百年企业传承发展好，同时对全体与会人员提出三点要求：

一是要居安思危，敢于亮剑。方朝阳说，逆水行舟，不进则退，不要做温室里的青蛙。要保持警醒，自加压力，自找麻烦，敢于自己折腾自己。确立坚强的决心和明确的目标，客观分析企业的优劣势，凝心聚力，为"会稽山"开创出一条创新突破之路。

二是要守正出奇。"守正"即把"会稽山"280年延续不断的历史文化和技艺传承好；"出奇"就是创新突破，要主动出击，最好的防守就是进攻。就如"酿造"两个字，如果拆开来，"守正"就是"酿"，"出奇"就是"造"。好黄酒，传承于"酿"，创新于"造"。"酿"，左边是"酉"，右边是"良"，意思是说，酿酒之人，要用良心、良知、良行酿酒。顺天地之气，合四时之序，怀敬畏之心，方得绝世佳酿。"造"，即培养，制造，成就，从无到有，从有到优，从优到强，再由强跃升至引领。通过创造，让酒的品质更加醇美，酒的品种更加丰富，酒的工艺更加优化，酒的流程更加合理，酒的包装更加精美，酒的品牌更加响亮，酒的品位更加高雅。

三是要加强文化融合。要与时俱进，用心做事。不同的工作

会稽山 2022 年年终总结表彰大会各战区签销售责任状

态度，就会导致不同的工作结果。用心做事，才能把不可能变成可能；真诚待人，感动自己才能感动别人。会稽山要扬帆远航，就要有明确的目标，把目标钉在钢板上，一丝不苟严细实，强化执行力，注重结果导向，价值创造。领导者要有企图心、责任心和包容心。企图心就是要积极进取，主动拥抱，迎接挑战；责任心就是要敬业奉献，勇于担当，敢于决断；包容心就是要做到欣赏优点，发现长处，包容缺点。要提升学习的能力，培养决断的魄力，锻造做事的毅力，敢为人先，敢打硬仗，前仆后继，屡败屡战。树立谦卑之心，保持空杯心态，始终记住"三人行，必有吾师也"的古训。

方朝阳说，"会稽山"要倡导"奋斗者文化"，让踏实做事、能做成事的真正的付出者有回报，让在"会稽山"的每一位员工都有自豪感、荣耀感。"会稽山"的未来值得期待，"会稽山"的明天一定会更加美好，期待"会稽山"在全体干部员工的共同努力下，明确航向，协力同心，同频共振，步入百年快车道，重新焕发青春，奔向黄酒的星辰大海！

第二章

老树新花　共奏华章

　　2023 年 3 月 30 日，"中建信"正式入驻会稽山三个月之后，"会稽山" 2023 年度经销商大会在柯桥举行。中国酿酒大师、公司副董事长、"会稽山"首席酿酒师傅祖康以及公司新任董事、总经理杨刚携公司新一届管理团队登台亮相，来自全国各地的 400 余名经销商出席大会。

公司总经理杨刚（前右）携新一届管理团队登台亮相

大会以"共创黄酒的星辰大海"为主题。会议回顾总结了会稽山近年来的发展史和奋斗史，基于对企业当下所处多重历史机遇的深刻洞察，大会提出了"双品牌布局、两端蚕食"的品牌策略以及"双组织、双打法"的战略目标。会议还发布了2023年度经销商策略和战区团队建设规划，从组织架构、岗位设置、人员结构等方面进行调整升级，打造"有激情、有方法、有结果"的营销队伍，培养更多的营销将帅之才与公司骨干。

会上，首次成立了"会稽山"经销商顾问团，"会稽山"品牌全新视觉形象靓丽登场，"百年会稽山，纯正中国酿"新的品牌说辞正式发布。

对照"会稽山"新旧品牌 LOGO 可以发现，新版品牌 LOGO 一改原本会稽山、鉴湖水以及具体形象化的复杂元素组合，以更简洁、贴近消费者的设计，更完整统一的视觉系统予以展现。创意灵感源自中国传统文化，以东晋永和九年（353）王羲之的"天下第一行书"为原型，截取其中与"会稽山"关联的相关元素，在原有繁体的基础上，根据字形结构与书法风格，重新进行创意设计，创作出更加易于识别和传播的简体书法版本。

在品牌竖版标识设计中，融入了绍兴青砖石板桥和悠悠鉴湖的水波荡漾，将"会稽山"拼音字母通过辅助的图形文字进行演绎，如同跨越历史长河的石拱桥。而"绍兴酒"三字则以书法红泥印章的方式予以呈现。

会稽山新旧 LOGO 对比

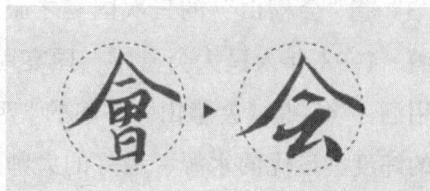

會与会

横板与竖版 LOGO

新 LOGO 还焕新了品牌色，原"会稽山"LOGO 一直延续了绿色的主色调，此次焕新，将绿色更换成更贴合中国传统色的琥珀红，与绍兴酒的本色相吻合，以更亮眼的配色，使品牌更加年轻化、国潮化，既是对"会稽山"百年发展历史的经典传承，也是品牌初心的延伸和突破，有利于更好地展示中国黄酒文化自信的形象。

新发布的"会稽山"品牌 Slogan "百年会稽山，纯正中国酿"将"会稽山"百年品牌历史文化、卓越品质以及华夏国酿的地位予以精准定位；新发布的"兰亭，14 度中国酒，高端雅宴的选择"对"兰亭"的品牌定位，基于"会稽山"百年老字号的丰润土壤，开启了以"兰亭"主打高端化黄酒市场的全新征程。

"兰亭"高端化品牌定位基于会稽山"12348"的品牌价值基因。

"1"指"会稽山"与一位伟人的故事；"2"指两个巨奖，1915 巴拿马万国博览会金奖与 1952 年首届全国"八大"名酒；"3"指"会稽山"的三次国宴之旅，即 1949 年开国大典国宴用酒、1998 年人民大会堂唯一国宴用酒、2016 杭州 G20 峰会国宴用酒。"4"指"会稽山"品牌的"四个最"，即最长的历史、最佳的纬度、最优的水源、最好的大师。会稽山公司前身云集酒坊创建于清乾隆八年（1743），地处北纬 30 度神奇地带，选取鉴湖源头活水,更兼有周佳木、周睦隣、周清、陈德意、徐金宝、沈锡荣、王荣明、章福贵、王阿牛、鲁吉生等众多酿酒大师。"8"指八大"秘籍"。14°是岁月陈酿的最佳度数。糯米冬酿而生的黄酒,刚酿成时酒度在19°左右。放在陶坛中用荷叶封口,贮藏在酒库。随着时光变迁,酒体越来越柔和、纯正、芳香宜人,酒度也慢慢下降。经过20个春秋,逐渐稳定在14°左右。此时的酒体与口感最为饱满、最适合饮用,而这个度数的背后是成就兰亭品质和形象的8大"秘籍",包括"55%糯米打磨度、810一级小麦、280年无断代传承'酒种'、大雪中性冬酿、非遗'双边'发酵工艺、百里挑一的'兰亭'品质、国家中央酒库秘藏、180天低温冷储和超低温过滤。"

2023年4月9日,"会稽山""兰亭品牌发布会 黄酒论坛"在成都举办。会上,会稽山公司领导、行业专家及相关媒体围绕"兰亭"黄酒"14度中国酒,高端雅宴的选择"的品牌新定位进行了全方位、多维度的阐释和解读。4月12日,第108届全国糖酒商

2023年4月9日,会稽山·兰亭品牌发布会(黄酒论坛)在成都召开

品交易会在成都开幕，"会稽山"以全新形象，携"兰亭"高端黄酒闪亮登场。展会上，"会稽山"将1670年前发生在兰亭的那一场风雅酒事复刻到了糖酒会现场，成为本次参展的中国黄酒军团中一道最靓丽的风景、最抢眼的打卡地。

相信，百年"会稽山"这一中华老字号在新一届董事会的引领下，在新一届管理团队的操盘下，一定能够担当中国黄酒产业复兴的先锋，一定能够代表中国黄酒文化自信的典范，为传播弘扬中华优秀传统文化贡献"会稽山"智慧和"会稽山"力量。

第三章

品牌文化

就实体而言，会稽山是一座山。

会稽山，地处绍兴城南，因禹在此大会诸侯，计功行赏而得名，秦始皇登临此山而扬名。位列我国古代九大名山之首、中国五大"镇山"之南镇。

会稽山重峰叠嶂，岗峦连绵，山色如画，主峰鹅鼻山，海拔788米，景色引人入胜。会稽山之名，缘于大禹封禅。《史记·夏本纪》记载："十年，帝禹东巡狩，至于会稽而崩。"又载："禹

会诸侯江南计功而崩，因葬焉，命曰会稽，会稽者，会计也。"《越绝书·记地传》载："禹始也，忧民救水，到大越，上茅山，大会计，爵有德，封有功，更名茅山曰会稽。及其王也，巡狩大越……因病亡死，葬会稽。"道出了禹会诸侯、更改山名的缘由。对禹死后葬于会稽一事，《墨子·节葬》曰："禹葬会稽，衣裘三领，桐棺三寸，坟高三尺，土阶三等，无改亩。"既说明当时"生产力低下越民贫困"的现实，也说明了当时耕地的宝贵。另据《吴越春秋》记载："禹巡天下归，还越会稽，修国之道，以会计名山。"又曰："禹巡天下归，还大越，登茅山，以朝四方群臣，观中州诸侯。防风后至，斩以徇众，示天下悉以臣属也。乃大会计治国之道，更名茅山曰会稽。亦曰苗山也。"据传，现绍兴宛委山南麓的龙瑞宫遗址，便为当年夏禹封禅之地。上述史料虽版本不同，但基本说明了当时禹会诸侯、杀防风、改山名、葬会稽等事实。

　　除前文提及"茅山""苗山"之外，历史上，会稽山还有诸多别名。《地理志》中把会稽山称为"衡山"，"会稽山一名衡山，谓当天文之星衡山"。《越绝书》卷二和卷八中，会稽山以海命名，被称为"会夷"，卷三中释"夷"为"海也"，可能和於越长期处于滨海这一独特地理有关。《山海经》则把会稽山称为防山，书中记载："会稽之山，古防山也。"何因取名防山，目前尚无翔实史料。《太平御览》载："会稽之山、亦名镇山。"这里，会稽山被称为"镇山"。《周礼》中会稽山又被称为扬州之镇山，入选"四镇"。因会稽山地处南方，又名"南镇"。《越绝书》称会稽山为"釜山"。"内美釜山州镇之功，外演圣德以应天心"，"釜山"即会稽山，原因在于会稽山外形似釜，故得名。《舆地志》中会稽山又被称为覆釜山，"会稽山一名衡山，其山有石，状如覆釜，亦谓之覆釜山"。《山海经》记载："又东五百里，曰会稽之山，四方，其上多金玉，其下多砆石（即武夫石，一种似玉的石头，相传此石产于武夫之丘）。勺水出焉，而南流注于滆。"

会稽山位于绍兴城东南方向。《越中杂识》载："会稽山，在会稽县东南十三里，其山袤延数十里，禹陵、南镇庙皆在焉。"正义括地志云："会稽山一名衡山，在越州会稽县东南一十二里也。"孔灵符《会稽记》载："会稽山在县东南，其上石状似覆釜，禹梦玄夷苍水使者却倚覆釜之上是也。今禹庙在下，秦始皇尝配食此庙。"又曰："山有石室，云是仙人射堂，东高岩有射的石，远望如射侯，形圆，视之如镜。土人常以占谷食贵贱，射的明则米贱，暗则米贵。谚曰：射的白，斛一百；射的玄，斛一千。"《夏侯曾先志》曰："此山有石帆，壁立临川，涌石亘山，遥望芃芃，有似张帆也。下有悬岩，名为射堂，传云仙人常射于此，使白鹤取箭。此是会稽东峰。"《郡国志》曰："山上有草，茎赤叶青，人死覆之便活。"《九土文括略》曰："禹禅此山，有一石穴委曲，黄帝藏书于此，禹得之。"《山海经》曰："会稽之山四方，上多金玉，下多砆石，上有禹冢及井。"清《嘉泰会稽志》载："周围三百五十里，盖总言东南诸山之隶会稽郡者。"可见会稽山范围之广。

如果说大禹会稽封禅开创了会稽山之名，那么秦始皇登山封禅则奠定会稽山作为名山之实。据《史记·始皇本纪》记载："三十七年十月癸丑，始皇出游。左丞相斯从，右丞相去疾守。少子胡亥爱慕请从，上许之。十一月，行至云梦，望祀虞舜于九疑山。浮江下，观籍柯，渡海渚，过丹阳，至钱塘，临浙江，水波恶，乃西百二十里从狭中渡。上会稽，祭大禹，望于南海，而立石刻颂秦德。"《越中杂识》载："昔秦始皇以三十七年东游之会稽，取钱唐岑石，长丈四尺，广六尺，厚尺六寸，使李斯撰文，刻于石上。前有方石数丈，去是始皇坐；旁分列方石八，是丞相以下坐。"从此，会稽山声名显赫，名扬九州。

或许是有大禹封禅之缘，始皇亲临之幸，会稽山不但成了我国古代第一名山，而且排在古代九大名山之首。《周礼·夏宫·职方》载："扬州之镇山曰会稽"，并这样排列九山：会稽山、衡山、华山、岱山、岳山、医巫闾山、霍山、恒山。《书·禹贡》曰："九山刊旅。"九山指九州的名山。《吕氏春秋·有始览》和《淮南子·地形训》在九山的排列上与《周礼》有所不同，但会稽山依然排在首位。其排名为会稽山、泰山、王屋山、首山、太华山、岐山、太行山、羊肠山、孟门山。

会稽山还是我国五大镇山之一，被称为"南镇"。

中国五大镇山是指东镇沂山（位于山东省临朐县）、西镇吴山（位于陕西省宝鸡县）、中镇霍山（位于山西省霍州市）、南镇会稽山、北镇医巫闾山（位于辽宁省北宁市）。会稽山位列"五镇"之说，据《史记》载为黄帝首封。数千年来，历朝统治者为确保政治社

南镇会稽山

会稳定，纷纷在五镇立祠建庙，封禅祭祀。加上五镇自然风光迷人，无数雅士高人在此驻足流连，形成了独特的自然和人文景观。

就历史而言，会稽山是一座名山。

由于大禹和秦始皇与会稽山有着深厚的历史渊源，历朝先贤对会稽山推崇有加，并引来了无数政客、雅士和诗人，留下了众多颂咏会稽山的不朽诗篇。晋郭璞在《会稽山赞》中写道："禹徂会稽，爰朝群臣。不虔是讨，乃戮长人。玉匮表复，元石勒秦。"唐时，会稽山便闻名于世，"天下风光数会稽"，这是唐代诗人元稹在浙东观察史任上发出的由衷感叹。唐代另一名诗人贺朝在其所写的《南山》一诗中对会稽山的神奇景色进行了描述。"湖北雨初晴，湖南山尽见。岩岩石帆影，如得海风便。仙穴茅山峰，彩云时一见。邀君共探此，异篆残几卷"。面对会稽山厚重的历史，南宋诗人陆游感慨万千，在其所著的《稽山道中》一诗中，云："文章事业初何有？钟鼎山林本自同。昨暮钓鱼天镜北，今朝采药石帆东。禹陵草木初沾露，谢墅人家已闭门。八十年间几来往，痴顽不料至今存。"明刘基（刘伯温）也撰有《会稽》一诗："会稽南镇夏王封，蔽日腾空紫翠重，阴涧烟霞辉草木，古祠风雨出蛟龙。玄夷此日归何处？玉简他年岂再逢？安得普天休战伐，不令竹箭困输供？"清王清也写过一首《南镇会稽山》，诗云："稽山遥接越天低，宛转峰峦路欲迷。青霭常浮秦望北，白云却绕禹陵西。即看修竹含新雨，无数苍松篔碧溪。真气重重吹不散，神灵自合此中栖。"这些不朽诗作，既描绘了会稽山的秀色美景，更表达了先贤们对会稽山的仰慕以及对治水英雄大禹的崇敬和怀念。

会稽山深厚的历史渊源，丰富的人脉、文脉决定了其必然具备无限的商业开发潜质。1983年7月5日，绍兴东风酒厂（现会稽山绍兴酒股份有限公司）慧眼独具，捷足先登，正式向国家工商局提出申请，将"会稽山"（文字和图案）作为企业注册商标，经中华人民共和国国家工商行政管理局商标局核准，注册成功，注册号为182200号，指定商品类别第33类。从此，名山、名酒珠联璧合，相得益彰。"会稽山"作为绍兴酒产品商标的注册成功，不但是东风酒厂的荣耀，更是绍兴地方的一大福音。

稽山巍巍，悠悠千年。经过280年艰辛创业，如今的会稽山绍兴酒股份有限公司已成为国际、国内市场上最享盛名的黄酒酿造企业之一，"会稽山"品牌已成为中国黄酒中最知名和最具价值的品牌。

2005年，"会稽山"商标被认定为"驰名商标"，随后，又入选《绍兴黄酒酿制技艺》国家首批非遗保护项目传承基地，并在数十个国家进行了注册。在日本、东南亚一带具有极高的知名度。2014年8月25日，"会稽山"股票在上海证券交易所挂牌上市；2015年，"会稽山"成为米兰世博会中国馆指定黄酒；2016年，"会稽山"成为G20杭州峰会指定黄酒。作为古越文化的杰出代表，"会稽山"正向世人展示着辉煌的过去和充满前景的未来。

正如专家所言：如果把鉴湖水比喻为绍兴酒之血，那么会稽山则为绍兴酒之母。诚哉斯言！绍兴酒有如此优美的品质和知名度，与源于会稽山三十六源清澈溪流的优质水源密不可分。绍兴老酒鉴湖水，鉴湖之源会稽山。

会稽山，绍兴酒悠久的历史在此孕育！没有会稽山，就不可能有优质独特的鉴湖水，也就不会有驰名中外的绍兴酒。如果说，东汉会稽太守马臻围筑鉴湖为酿造绍兴酒提供了丰沛水源的话，那么会稽山则为绍兴酒的酿造注入了灵气和活力。

作为中国黄酒品牌，"会稽山"酒秉承千年酿酒技艺，精选原料，精酿细作，终成传世佳酿。产品质量上乘，工艺精湛，风格独特，其艺术内涵极为丰富。

地处鉴湖核心地段的会稽山酿酒取水口

"会稽山"酒色如琥珀，赤中带黄，黄中含赤，显清澈透明的黄色基调，呈中华民族炎黄子孙以及黄土地之色，乃中华民族之本色，无愧于国酒的荣耀和称号。"会稽山"酒的橙黄色作为它的一种重要特性，可有效启动人的食欲，提高视觉冲击力，从色彩的象征意义而言，橙色象征太阳，而太阳给予人的更是一种明亮、温暖、崇高的感觉。

"会稽山"酒香芬芳自然，馥郁宜人、幽深高雅、沁人心脾，饮之，欲拒还迎，欲罢不能，令人神往。于陶质坛中经年陈酿，醇、酸、酯、醛、酚，各种成分相互融合，越陈越香。其香闻之，令人愉悦，沁心怡人，一朝饮用，终身难忘，令人陶醉于大自然的神赐。

"会稽山"酒味醇、悠远、方正、甜润、舒怡、甘爽，甜、酸、苦、辣、鲜、涩诸味毕现，体现一种和谐、雅致的意境，其味浓浓，其情融融，仿如人生。徐徐咽下，一股清怡幽雅的酒香油然升起，人生失意的艰辛、苦涩，功成名就的欢情、愉悦，于美酒的细酌

181

浅啜之中，再现人生的悲欢。

　　"会稽山"酒最诱人之处在于其千年历史所凝结的灵性，使人心驰神往，特别是经年陈酿，堪称至尊佳酿、上等美酒，醇香沁脾，它的厚重、它的凝练，折射出古老而崭新的年轮。"会稽山"酒的灵性催人奋进，绍兴这座千年古城也正是有了像"会稽山"酒这样的国酒而魅力倍增，灵光毕现，更显文化底蕴之深厚。酒中所蕴含的人文历史使人在品味美酒的过程中，感叹会稽山境水之秀美，感叹古越文化之博大，令人流连忘返，醉身其中。

　　除了丰富的艺术内涵，"会稽山"作为黄酒品牌，历史悠久、底蕴深厚，人脉丰富，其艺术特性更为显赫。"会稽山"品牌的艺术特性主要体现在三个方面：

　　一是博大精深　这是"会稽山"酒的灵魂。古人有言，海纳百川，有容乃大；壁立千仞，无欲则刚，"会稽山"酒何以历经2000多年历史而青春长驻，弥久不衰，何也？关键在于其博大精深的文化底蕴。"会稽山"酒强大的包容性和厚实的口感，发酵过程中几十种乃至上百种微生物的共同作用成就了绍兴酒这一作为世界独特文化遗产之显著特点，目前还没有一种发酵酒像它这样包容了如此众多的微生物，"会稽山"酒的独特魅力正是在于其独特的包容性而形成的"大智若愚、大勇若拙"这么一种人生智慧，作为一种民族酒，"会稽山"酒完全可作为东西方文化交流的使者昂然走向国际市场。

　　二是刚柔相济　这是"会稽山"酒的灵性。粗观似水，细观似火。柔中有刚，刚中有柔；刚柔相济，相得益彰。"水的性格，火的外形"是对"会稽山"酒最恰当的比喻，在它橙黄清亮、秀美诱人的外表下，却深藏着热情奔放、狂放洒脱的性格，"不惜千金买宝刀，貂裘换酒也堪豪"的豪情，"呼儿将出换美酒，与尔同销万古愁"的洒脱，于细细品尝之中，阅尽人生本色，喜、怒、哀、乐，悲、欢、离、合，尽显人生真谛。

三是"山"人合一　这是"会稽山"酒的精粹。天地精华，人工精酿；"山"人合一，举世无双。采五谷之精华，融自然之造化。会稽山独特的地理、自然环境为"会稽山"酒的酿造提供了优质水源，而鉴湖更为"会稽山"酒的发展提供了物质保证，为规模化生产奠定了基础，源于天然、循于传统的精良工艺经过几千年的不断演变已至上乘境界，各类精选的优质原料在大自然几十种几百种微生物的共同作用下，有机融合，通过自然发酵成为琼浆玉液，精湛的人工技艺和自然造化互为融合，终成传世佳酿。

悠悠千年绍兴酒，饮酒思源会稽山。

作为名山，会稽山源远流长，史料公认；作为名酒，"会稽山"品质超群，名闻遐迩。会稽山有如此深厚的文化积淀，会稽山与绍兴酒有如此紧密的关系，"会稽山"酒有如此悠久的历史，这也是会稽山绍兴酒的人脉和文脉所在。"用心酿酒，贴心服务"，"会稽山"正秉承这一理念，以打造绍兴黄酒小镇为契机，用现代科技演绎传统工艺，致力于酿造绿色、健康、生态、安全的高品质黄酒。质量上乘，规格高档，特色显著，是会稽山企业孜孜以求的目标，绍兴酒因为有了会稽山而扬名四海，会稽山也必将因绍兴酒而香飘万里。

第四章

文化自信

黄酒，是世界三大发酵酒（啤酒、黄酒、葡萄酒）中唯一起源于中国的酒种，也是只有中国才有的酒种。

黄酒，是中国的国酒、国酿、国粹。黄酒的历史，就是中国酒的历史；黄酒的文化，就是中国酒的文化。

探讨中国的传统文化，一定离不开酒文化；而探讨中国的酒文化，一定绕不开黄酒的文化。

黄酒历史源远流长，黄酒文化博大精深，黄酒内涵丰富深厚。黄酒，是华夏酒文化的"活化石"，是中华五千年优秀传统文化的重要见证！

一

何谓文化？《易经》贲卦《象传》中载："刚柔交错，天文也；文明以止，人文也。观乎天文，以察时变，观乎人文，以化成天下。"这是关于"文化"的最早阐述。

广义的文化泛指人类在社会实践过程中所获得的物质、精神的生产能力和创造的物质、精神财富的总和；狭义的文化则指精神生产能力和精神产品，包括一切社会意识形态；自然科学、技术科学、社会意识形态。有时又专指教育、科学、文学、艺术、卫生、体育等方面的知识与设施。

文化自信的"文化"指的是紧扣习近平总书记所指出的"三种文化"，即：在五千多年文明发展中孕育的中华优秀传统文化；在党和人民伟大斗争中孕育的革命文化和社会主义先进文化。习近平总书记指出："中国特色社会主义文化，源自于中华民族五千多年文明历史所孕育的中华优秀传统文化。"

文化自信的"自信"指的是一种主观意识，是对自身力量的确信。但不能因为要自信、想自信，因此就能自信、有自信。真正的自信是立足于现实，基于科学比较之上的理性认识。

2015 年 11 月，习近平总书记在人民大会堂会见第二届"读懂中国"国际会议外方代表时说："中国有坚定的道路自信、理论自信、制度自信，其本质是建立在五千多年文明传承基础上的文化自信。"

文化是一个国家、一个民族的灵魂，没有高度的文化自信，没有文化的繁荣兴盛，就没有中华民族的伟大复兴。

文化内化于心，外化于行，具有稳定性和长期性。如写中国字、说中国话、吃中国菜、喝中国酒，历经千年风雨洗礼，已融入血液、深入骨髓，深刻影响着我们的一言一行。文化自信一旦树立起来，其影响必然深厚而长远。

二

2016 年，习近平总书记在建党 95 周年庆祝大会上指出：文化自信，是更基础、更广泛、更深厚的自信。文化兴国运兴，文化强民族强。文化自信是一个民族、一个国家、一个政党对自身文化理想、文化价值的高度信心，对自身文化生命力、创造力的高度信心。

2020年4月，一部由西方媒体推出的纪录片《杜甫：中国最伟大的诗人》，以59分钟的片长，讲述了"诗圣"杜甫跌宕起伏的59年人生，将他与但丁、莎士比亚比肩。该片推出后，很快引起广泛关注。

一千多年之后，在经济全球化、社会信息化、文化多样化深入发展的今天，杜甫和他的诗歌依然在世界上圈粉无数，说明中华优秀传统文化依然具有跨越时空的非凡魅力，必须加以传承并大力弘扬。

中华文明是世界上唯一没有中断、发展至今的文明，绵延不绝、经久不衰。中国的酒文化博大精深，渗透于政治经济社会生活的各个层面，并成为中华传统文化的重要组成部分，其根脉之深、积淀之厚，滋养着中华民族在新的历史条件下的新创造、新发展，给我们的文化自信打下了最深厚的历史根基。

党的十九届六中全会指出："以习近平同志为主要代表的中国共产党人，坚持把马克思主义基本原理同中国具体实际相结合、同中华优秀传统文化相结合，坚持毛泽东思想、邓小平理论、'三个代表'重要思想、科学发展观，深刻总结并充分运用党成立以来的历史经验，从新的实际出发，创立了习近平新时代中国特色社会主义思想。""习近平新时代中国特色社会主义思想是当代中国马克思主义、21世纪马克思主义，是中华文化和中国精神的时代精华，实现了马克思主义中国化新的飞跃。"

三

中国黄酒是中华优秀传统文化的重要载体，中国黄酒是老祖

会稽山"兰亭"系列黄酒

宗留下来的宝贵财富，中国黄酒是东西方文化交流的重要载体。

酒文化，是指酒在生产、销售、消费过程中所产生的物质与精神文化的总称。包括酒的历史渊源、原料配方、酿制技艺、品饮方法、功能效用等多种文化现象。既包涵酒自身的物质特征，也泛指酒在品饮过程中形成的精神内涵，是酿酒、饮酒活动过程中形成的特定的文化形态。

事实上，酒文化已经渗透到人类社会生活的方方面面，包括政治、经济、军事、医疗、文学、诗歌、艺术（音乐、戏曲、曲艺、书法、美术等）等各个方面，酒文化都产生了巨大的影响，发挥着重要的作用。中国的酒文化，更多地说的是黄酒的文化。黄酒的文化博大精深。

一杯黄酒里，有商周礼数、魏晋风流；有唐诗宋词、华夏春秋。

中华优秀传统文化是文化自信的"根"。悠久的中华文明史，从先秦子学、两汉经学、魏晋玄学，到隋唐佛学、儒释道合流、宋明理学，最经典的一些内容，诸如："天人合一"的社会理想；"以人为本"的治国理念；"载舟覆舟"的忧患意识；"止戈为武"的和平思想；"和而不同"的东方智慧……中华民族这些治国理政的思想渊源，都能够在中国黄酒博大精深的文化里找到印证。

在 2022 年 5 月 27 日举行的中共中央政治局第三十九次集体学习时，习近平总书记强调："中华优秀传统文化是中华文明的智慧结晶和精华所在，是中华民族的根和魂，是我们在世界文化激荡中站稳脚跟的根基。""要立足中国大地，讲好中华文明故事，向世界展现可信、可爱、可敬的中国形象。要讲清楚中国是什么样的文明和什么样的国家，讲清楚中国人的宇宙观、天下观、社会观、道德观，展现中华文明的悠久历史和人文底蕴，促使世界读懂中国、读懂中国人民、读懂中国共产党、读懂中华民族。"

有人说，文化是"根植于内心的修养，无需提醒的自觉，约束前提下的自由，为他人着想的善良"。

酒，自古与文化相伴，且一直以丰厚的历史底蕴，渗透到政治、经济、军事、艺术、生活等方方面面，作为"国酒"的黄酒，更以其独特丰厚的底蕴成为诠释"文化"内涵的最佳酒种，成为传递文化自信的最佳载体。

根植于内心的修养　黄酒，被誉为"天之美禄"，是最具修养的酒，这种修养不仅源自于千年时空背景下的底蕴，更源自于传承创新发展的人文技术脉络。黄酒性温，含而不露，甘而不腻，六味调合，居中庸之道而自得其所，"三杯通大道，一斗合自然"说的便是黄酒内化于心、外化于形以及"春风潜入夜、润物细无声"般强大的文化渗透力。

无需提醒的自觉　黄酒，因人而生，因祀而酿，因礼而饮。自古即为礼仪祭祀等必备之物。品饮黄酒讲究细呷慢啜，浅斟低吟，嚼嚼茴香豆，咪咪绍兴酒，入微醺之境，别有一番滋味。但最好的酒也是过犹不及，不可放任自流，最后弄得醉而不归，斯文扫地。一杯黄酒，包含着东方文化独特的生存智慧。

约束前提下的自由　黄酒，以稻谷发酵而成，汲取自然赋予的"醉禅"之力，既非啤酒般的"水样"功夫，又非白酒般的烈焰喷涌。黄酒，是庄子的逍遥游、王羲之的兰亭序、李太白的天姥游。其香也郁，其味也佳，刚柔相济，品性自高。

为他人着想的善良　黄酒，酒度适中，含有小分子肽、氨基酸、矿物质等丰富的营养元素，极利于人体健康，适量常饮，可健身舒体，美颜养容。黄酒，被誉为"福水"，水能载舟，亦能覆舟。唯有顺势而为，量力而行，方能救危于困，济难于贫。它是良善之化身，道德之启蒙，历史之佐证，思想之摇篮。

一个民族要实现复兴，既需要强大的物质力量，也需要强大的精神力量。融物质和精神于一体的中国黄酒，作为五千年中华优秀传统文化的重要见证和东西方文化交流的重要媒介，也必将随着中华民族的复兴屹立于世界酒林，为缤纷璀璨的世界民族文化贡献中国力量。

第五章
会稽传人

周佳木：“云集酒坊”创始人

周佳木，生卒年不详，“云集酒坊”创始人。

清乾隆二年（1737）五月降旨，永禁烧酒，但不禁黄酒，绍兴黄酒进入全盛时期。柯桥，东浦一带，家家户户酿酒，成为名副其实的酒城。

清乾隆八年（1743），周佳木看到了酿酒业的商机，在东浦东周溇口的越浦桥边创立了一家酒坊，并将自己的名字嵌入其中（“佳木”合而为“集”），取名“云集”，寓意酿酒高

周佳木

190

手云集，共酿越中美酒。

据史料记载，周佳木先世祖籍诸暨，居诸暨之南门。南宋时始迁东浦，为东浦始祖。其居地本称越浦溇。其后因子孙繁衍，环溇而居，改称东周溇。

周玉山：善举感化窃物贼

周玉山，生卒年不详，"云集酒坊"第四代传人。

民国十七年（1928），周清编著《绍兴酒酿造法之研究》一书由上海新学会社发行。书中有述："至于本坊源流，夙在前清中兴时代，佳木公独力创办，传至我父玉山公，已四世矣。缅高会之榘矱，制造既得其精，思产品之丰盈，销售惟期其广。"文中提及的"文玉山公"即为周清父亲周玉山。

据周家后人说，先祖周玉山为人极好，人缘也好，坊间还流传着有关周玉山善举的故事。

"话说某日早晨，有贼爬墙进云集酒坊的屋子想偷点东西。正碰上玉山公在墙下烧水给工友洗脸泡茶。贼见有人，就要逃跑。玉山公急忙喊道：不要跑，不要跑，我拿梯子接你下来，不然跌下来要受伤的。贼被玉山公的话真心感动，就下来了。

玉山公问他：你为什么要做贼？他回答：我有老母80多岁了，还有一帮子女，没有工作好做，只好偷些东西变卖，维持生活。

玉山公听了很感动，说：想不到你还是一个孝子呢！是个有责任心的男人。这样吧，你看我这里有些什么，你就拿去吧。玉山公待他拿够了，就送他到门外。他回去后，就对同伴说：这家酒坊是大善人开的，大家今后都再不要去骚扰他们了。"

自此以后，再无窃贼光顾"云集"了。

周葆塘、周睦隣、周叔循：云集酒坊第五代传人

三人均为周玉山儿子，云集酒坊第五代传人。

周葆塘排行老大，经营"周云集元记酒坊"；周睦隣排行老二，经营"周云集昌记酒坊"，周叔循排行老三，经营"周云集利记酒坊"。

吴阿惠：绍兴"香雪酒"创始者

吴阿惠（生卒年不详），"云集酒坊"酿酒师傅，绍兴"香雪酒"的创始人。

1912年，吴阿惠师傅和他的同事们，用糯米饭、酒药和糟烧，试酿了一缸绍兴酒，最后得到12坛酒。试酿成功后，工人师傅们认为这种酒因加了糟烧，味道特别香浓，又因酿制时不添加麦曲，只用小曲酒药，酒糟色白如雪，"香雪酒"由此得名。

以前，香雪酒多用于加在刚灌坛的绍兴元红酒上面，以增加酒的香气和风味，故又称"盖面"。

周清：云集酒坊第五代传人

周清（1876—卒年不详），原名彝圣，字幼山、友山、又山，号越农、鉴农。父周玉山，云集酒坊第五代传人。从小生活在酿酒世家，耳濡目染，对绍兴酒的酿造技艺了如指掌。

幼时，周清便对自然科学抱有浓厚兴趣。16岁考取秀才，后赴杭州学习日文及数、理、化课程。23岁，周清进入北大生物系深造，获农学士学位。32岁，周清返回浙江，任杭州高等师范学校生物教师。后任浙江省立甲种农校校长，一任就是8年。

在京期间，周清一面读书，一面兼作绍兴酒推销员，开辟了一条沿京杭运河至北京的绍兴酒水路定点销售线路。绍兴酒在短短的几年间就被南北贯穿而风靡全国，周清功不可没。但周清自己并不直接参与酿酒或经营管理，他的酒主要由他的兄弟周葆塘、周睦隣的酒坊酿制生产。

1915 年，周清将祖上的一坛百年陈酿以及云集酒坊酿制的绍兴酒送往美国巴拿马太平洋万国博览会参评，最终为绍兴黄酒获得第一枚国际金奖。绍兴酒从此扬名海内外。

1916 年，周清任浙江省甲种农业专科学校校长兼农事试验场场长。期间，积极致力于教育改革，撰写了《蔬菜园艺学》等书，深受学生欢迎。"当代茶圣"吴觉农、陈石民都是他的学生。

1919 年，周清发起创办了中华农学会，担任学会部部长。执教之余，周清撰写了《绍兴酒酿造法之研究》一书，书中对绍兴酒的成分、优点以及每一道酿造工艺都作了科学系统分析。书中还开列了送往巴拿马的参展物品清单，包括小京庄酒 4 坛、研究报告 1 份、木制模型 30 余件和写真照片 8 张等。

此书出版后，日本人立即把它翻译成日文，并依照书中所述酿制，虽然酒的风味和绍兴酒十分相似，但绍兴酒越陈越香，日本酒却不到一年便发生质变。周清闻讯后一语道破其中奥秘："绍酒名驰中外，各处所难以仿造者，水质之不同也。"

周清，集教育家、实业家、著作家于一身。平生奉行实业救国宗旨，先后投资云墅公司（分布苏、浙、皖等地）、杭州民生银行、杭州滑艇船业公司、上海德信昌酒店等。

周清生前酷爱读书，擅长诗词，自云："虽无闻于世，幸未见恶于人，念桃李之盈门，造就四方豪杰，览桑麻兮偏野，愿为万世农民。"去世前自题小像诗云：灵光照澈春风面，道味深涵霁月心。耆老年华怙众善，伦常规范作良箴。可谓毕生精神之写照。

《东浦镇志》记载：周幼山经营"周云集员记酒坊"，周清经营"周云集信记酒坊"，而周幼山、周清又系同一人，是一人经营两家酒坊，还是另有其他隐情，尚有待发掘相关史料，以作进一步考证。

周清心善好义，助人为乐。担任校长期间，人称"周外婆"。周清曾先后资助创办绍兴成章小学和东浦热诚学堂。晚年应徐柏堂之邀，在绍兴稽山中学任教。绍兴沦陷前，移居江西，后因患恶性伤寒死于江西乐平。周清死后，他的后代没有人从事酿酒经营。

关于周清的卒年，笔者并不认同《绍兴市志》《绍兴县志》的说法。

据上述史志记载，周清"绍兴沦陷前，移居江西。1940年6月，因患恶性伤寒死于江西乐平"。而上述信息源头为《东浦镇志》。

之前，笔者对周清的卒年并无怀疑，直至2019年秋天的一个闲暇，观摩周清孙子提供的其祖上周清及妻子沈氏之黑白绘照，从中发现了有关卒年记述的讹误之处：

一张系周清个人自题照，摄于民国七年（1918）二月二日，上有周清用隶书写下的拍摄时间及在杭州工作时感想，题文如下：

> 民国七年（1918）二月二日摄影时年已四十也，游京八载，寓杭亦八载。驹光易驶瞬超强仕之年，马齿长增无有期颐之望，虽曰无闻于世，幸未见恶于人，念桃李之盈门，造就四方豪峻，览桑麻兮偏野，愿为万世农氓。

又曰："幼山周清自题时在杭笕桥任浙江省立农校校长。民国卅年（1941）七月七日，即抗战第肆足年，由新亲张耕生娴弟赠送志瓷并录，是题于江西景德镇省次①，张耕生敬书，绍兴王寅绘相。"

另一张系周清妻子沈氏绘像。题文如下：

　　四叔母沈太孺人慈照　众仁寿相发孟欧光，克勤克俭且端且庄，相夫以礼课子有方，万端添附兰桂郁芳，灵坛鉴水苍庇鄱阳，衷怀慈善福泽绵长。

落款为："民国三十年，贤侄沈德源题赠"。由文可知，这是周清妻子的侄子沈德源送给四叔母的一件礼物。

照片上也有周清题字："内子沈氏年六六，绍兴东浦人，民国二九年（1940）元旦率春莅婚，住于江苑村，承沈德源贤侄制磁照以赠并请题诗以右：灵光照澈春风面，道味深涵齐月心，耆老年华怀众善，伦常规范作良箴。"

落款为："越农　周清　辛巳夏　年六三"。"越农"系周清的"号"，"辛巳夏"为时间，结合周清出生年月，应为1941年夏，时年周清63岁。据此照，知周清比妻子小3岁。

由瓷照文字可知：民国三十年（1941）夏天，周清妻子的侄儿沈德源为四叔母（周清妻）制了一张瓷照，并题字赠与周清。收到照片后，周清非常感动，即兴为妻子赋诗一首，以志纪念。

综上，周清死于1940年的说法明显有误，根据照片题文，1941年即周清63岁时还在为妻子的瓷照题字，那么，具体卒于哪一年，尚有待后续进一步考证。

---

①"省次"二字无法确认。

周善昌：“云集亨记”坊主

周善昌（1909—1950），云集酒坊第六代传人，云集亨记酒坊坊主。据东浦南村村委活动室宣传栏记载：

> 周善昌，名振夏，父周睦隣，东浦南村全安溇人。自幼聪颖敏悟，智力过人，入塾读书过目不忘。成人继承家业，为人诚实笃信，讲究信用，善与人交。富有经营头脑，有开发创业精神。接手云集酒坊后，从年酿酒300缸，发展到500缸，至解放前夕云集年酿酒量为1000多缸，成为东浦酿酒大户。善昌心地善良，善待工人，礼尚和气，平易近人，乐善好施，济贫扶困，施医舍木板棺材，抚养孤寡老人，其善举乡民有口皆碑。

另据《东浦镇志》记载：民国二十年（1931）东浦有酒坊530家，产酒34800缸，占绍兴县黄酒总产量的30.8%，为东浦历史上产酒最高的一年。尔后，境内各大酒坊纷纷开拓外地市场。周善昌与人合资在苏州开设同康酒坊。[①]民国二十四年（1935），周善昌任东合南乡乡公所副乡长，驻地在东浦兴福寺。[②]民国三十五年（1946）7月24日，绍兴县酿酒业同业公会成立，周善昌任常务理事。1951年12月12日，云集酒坊由绍兴县公股公产清理小组接收，改名为“绍兴县公营云集酒厂”。[③]

1956年3月29日，《地方国营绍兴县云集酒厂历史概况、

① 《东浦镇志》第276页，《东浦镇志》编纂办公室编，1998年3月。
② 《东浦镇志》第440页，《东浦镇志》编纂办公室编，1998年3月。
③ 《东浦镇志》第22页，《东浦镇志》编纂办公室编，1998年3月。

生产情况简报及今后远景规划》一文记载："本厂原由周善昌于1938年间在绍兴东浦所创设，至1951年底由政府接收，转为地方国营云集酒厂。"又载："本厂所产黄酒，一直以来为绍酒中最负盛誉之名牌货，除遍销国内各大城市外，更畅销香港、南洋群岛、日本等广大国外市场，总之'云集'之酒自创设迄今百余年中，根据一贯之论，曾全盛不衰。"

据周善昌的大伯周葆塘的孙女周我学回忆，云集酒坊传到周睦隣、周清他们兄弟后，由于周葆塘不懂得经营管理，最后酒坊的资产逐渐集中到精明能干的周睦隣手中，后由其子周善昌继承。所以，如果上面的远景规划记载属实，那么，周善昌经营的"亨记"酒坊虽创设于民国时期，却集聚了"云集"各家分号之大成，承继"元记""昌记""利记""信记"等各家资产，成为当地酿酒大户。

1951年，"云集酒坊"被人民政府接收。其时，"仅有流动资金（新币）70000余元，固定资产2000余元及职工18人，年产黄酒亦只800余缸"。

陈德昌：云集酒厂首任负责人

陈德昌（1926—1994）。绍兴东浦赏浜乡人，早年从事箍桶工作，后参加地下党，1950年7月至1951年5月，任东浦赏祊乡副乡长[①]，乡民兵连长。1951年10月至1952年5月，任东浦镇镇长[②]。

1951年12月12日，陈德昌代表人民政府接收了周云集酒坊，

---

① 《东浦镇志》第444页，《东浦镇志》编纂办公室编，1998年3月。
② 《东浦镇志》第443页，《东浦镇志》编纂办公室编，1998年3月。

成为当时绍兴县酿酒行业中第一家地方国营酒厂，陈德昌任副厂长（不设厂长），主持日常工作。

陈德昌还担任过云集酒厂的基建科长，原绍兴东风酒厂东江厂区 50 至 60 年代的房子，大多由陈德昌监督建造，包括 1956 年建造的"绍兴酒陈贮中央仓库"。

陈德昌为人严肃，对员工和家人要求也高，尤其对厂里偷酒的人深恶痛绝。每次厂里开会，便会骂那些偷酒的人，他常和他的儿子陈培民讲，偷点酒就算了，可酒一开，没喝掉多少，整坛酒却坏掉了，质量、牌子都没了！

徐金宝：一代酿酒高手

徐金宝（1894—1979），"云集酒坊"酿酒师傅，一代酿酒高手。绍兴东浦赏祊人，15 岁至 27 岁在东浦周云集酒坊做学徒；36 岁至 58 岁在东浦周云集酒坊开耙酿酒；1959 年，在绍兴县专卖事业分处云集酒厂做工。与云集酒坊坊主周善昌关系较好，平常工作认真，积极负责，思想好，业务精。1951年获评技术工作模范奖。当时，外售老酒盖上"金宝"印章，不但市场信誉高，且可多卖酒价，如同今日之免检产品。

徐金宝

198

陈德意：三世同酿云集酒

陈德意（1900—1975），绍兴东浦南村人，云集酒坊酿酒师傅。出身于绍兴酿酒世家。祖父陈友法、父亲陈长生均为云集酒坊开耙技工，故谓"三世同酿云集酒"。

陈德意自幼时入私塾读书，辍学后便到"云集酒坊"学习绍兴酒酿酒技艺。父亲去世后，继承父业，肩负云集酒坊重任。因开耙技艺高超，所酿黄酒，质地特优，备受美国等国外客商信赖，凡在云集酒坊坊单上盖有"陈德意"三字的葫芦形印章，其酒可免检销售。

中华人民共和国成立后，陈德意成为云集酒厂、绍兴东风酒厂开耙技工。在酒厂，陈德意悉心传艺带徒，培养年轻的酿酒技工，并热忱帮助兄弟酒厂解决技术难关。

1956年9月12日，浙江省宁波专员公署工业局工〔56〕字第0165号文"为抽调黄酒工人二名到余姚酒厂工作由"一文，称为发挥黄酒技术工人能力，全面提高出酒率，经研究决定调陈德意等两人去余姚酒厂工作，并请酒厂提前做好思想工作，确保工作顺利交替赴任。由此也说明陈德意酿酒技术的精湛。

陈德意数十年如一日，致力于绍兴酒酿酒工艺的研究，取得了卓越成绩，先后撰写《绍兴酒制作规程》《酒曲制作法》等册子，为后人留下了宝贵财富，也为绍兴酒的规范化操作奠定了基础，历年被评为厂、县、市级先进生产工作者。

王荣明：一代"活酒仙"

王荣明（1904—1985），绍兴东浦杨川村人。出身于王松记酒业世家，父亲王阿松开设松记酒坊，年酿酒百缸。

少年时，王荣明跟随舅父学酿酒开耙技艺，虚心好学，制药、造曲、浸米、蒸饭、落缸、开耙等酿酒过程，件件精通。成年后独立操作开耙，凭借手触、目视、耳听等感官技能，决定开耙时间，经他开耙之酒皆成佳酿。先后为杨川、东浦（周云集酒坊）、赏祊、王城寺、鲁墟等村酒坊开耙，被称为"活酒仙"。

王荣明

中华人民共和国成立后，王荣明受聘于云集酒厂和绍兴东风酒厂，带徒授艺，使传统酿酒技艺后继有人。多次受到厂、县、市、省各级领导的表彰奖励。1958年当选浙江省第二届人大代表。

沈锡荣：一代"红色工程师"

沈锡荣（1919—1998），祖籍萧山，定居绍兴。历任地方国营云集酒厂股长、柯桥酒厂厂长、绍兴酒厂厂长、党委副书记、绍兴酿酒公司经理、绍兴县总工会副主席等职。

1951年，陈德昌主持云集酒厂日常工作之后，为加强生产管理和技术力量，经与东浦酒类专卖局主任李本源商定，从开明绅士沈雨均的沈裕华酒坊中，抽调了工作能力强、酿酒技术好的沈锡荣和王阿牛两人，一起参与酒厂管理工作。沈锡荣协助陈德昌开展工作，王阿牛任车间管理员。

1953年年初，沈锡荣调出酒厂，开始从事行业公私合营工作，后任私私合营皋埠酒厂厂长。1955年，绍兴县30多家酒坊合并为柯桥酒厂，开始规模化经营。随后，逐步淘汰原先较为低级的"土绍""元红"酒，转产高档的"加饭"酒，次年，产量达到4000吨。

1956年，国家决定发展绍兴酒，云集酒厂投资70多万元，征用70亩土地，围筑基建场地，大兴土木修桥筑路，扩大酒厂规模。就在这一年的下半年，伴随着全国公私合营的合作化高潮，私私联营的"皋埠"、孙端的"越兴""齐贤"等三家酒厂相继合并到柯桥合营酒厂，并更名为"公私合营柯桥酒厂"，沈锡荣任厂长。

1957年，国家又拨出大批专款扩建，经批准，云集酒厂扩大至300亩厂基规模，厂房基建设计还得到了苏联专家的帮助指导。

1959年，为发展绍兴酿酒事业，加强酿酒行业管理，绍兴县委决定由六家酒厂和一家坛厂，联合组建绍兴鉴湖长春酒厂，沈锡荣任副厂长。

沈锡荣长期从事酿酒业，在研究酵母制剂代替酒药、大糠吊酒、新包装开发等方面作出了重大贡献。个人曾先后七次被浙江省人民政府授予省级先进，获"五一"劳动模范等称号。20世纪50年代还分别被国务院授予"全国先进生产工作者"和"全国劳动模范"称号，被誉为"一代红色工程师"。

沈锡荣

章福贵：开耙高手贵师傅

章福贵（1897—1981），男，原名章福柱，又名章福桂。柯桥阮社人。12岁开始涉足酒业，学习修坛，20岁到阮社祥记酒坊学开耙、修坛，随后，又在阮社附近开行耙。42岁去苏州桃园酒厂，并先后在苏州陆慕酒坊、吴祥茂酒坊、常熟老童元酒坊等从事酿酒工作。50岁左右回阮社章东明酒坊开耙。55岁进入绍兴云集酒厂工作。

章福贵

章福贵还是王阿牛的师傅。据王阿牛回忆："当时在云集酒厂开耙的有陈德意、徐金宝等师傅，而章福贵师傅心直口快，毫无保留自己的技术，肯教别人开耙技术，所以，我经常与章福贵师傅在一起，共同探讨开耙技术。"

1989年9月13日《浙江日报》4版《酒魂》一文，曾细致地描述了王阿牛当时拜师学艺的情景：

> 五更，蛙鸣如鼓，晨光熹微。开耙师傅章福贵刚开灯，准备起床，忽然听到轻轻的敲门声。开门，门外站着王阿牛，露水打湿了他的头发，发梢光闪闪的。
>
> "福贵师傅，教会我开耙发酵吧。"王阿牛从怀里摸出两包好烟递上，颤着声说。
>
> "这……"章福贵嗫嚅着。眼前的王阿牛已不再是个堆

幢师傅，而是车间主任。他不知如何回答。

"福贵师傅，旧社会工人没保障，徒弟学了师傅的拳头反而'杀师'，不肯教难怪。新社会，工人都是工厂的主人……我要拜您为师，您收下我吧！"

章福贵的眼睛湿润了。

章福贵技术精湛，多次被评为厂先进工作者。退休后又被聘去绍兴酿酒总厂带领大学生搞实验，研究杭州的自来水如何酿绍兴黄酒。

王阿牛：绍兴黄酒界的"泰斗"

王阿牛（1925—2022），绍兴东浦赏祊人。国家级非遗保护项目"绍兴黄酒酿制技艺"唯一的国家级传承人，黄酒博士，国家级评酒委员。家中父亲、伯父包括堂兄弟都是东浦汤茂记的"酒头脑"。

王阿牛一生从事绍兴黄酒的酿造事业，为绍兴黄酒产业的传承、创新和发展做出了重大贡献，被誉为"活酒仙"，他的门徒遍布绍兴各大酒厂。

民国十四年（1925），王阿牛出生于酒乡东浦一普通农家，家中兄弟姐

王阿牛（2011年12月16日摄于会稽山公司）

妹八人，王阿牛排名老二。

17岁时，王阿牛进入东浦汤源源茂记酒坊当学徒，主要做一些杂活。

刚进酒坊时，只能做个"白吃饭"的"小长年"，跟在开耙师傅后头管好"三把壶"，"早上拿茶壶，中午捧酒壶，夜里倒尿壶"，业界戏称"三壶"先生。有时，还要帮老板跑腿，如背着老板的子女接送上下学，总之工作十分繁琐，每天晚上10点多才能回家。

一年后，王阿牛离开了汤源源茂记酒坊。第二年，他跟着堂哥王阿仙来到沈裕华酒厂。堂哥是开耙师傅，绍兴人称之为"酒头脑"。

在沈裕华酒厂的10年，由于堂兄的悉心帮教，王阿牛基本掌握了酿酒技能，已到了准"酒头脑"的水平。在那里，王阿牛还结识了后来成为云集酒厂生产股长、柯桥酒厂厂长的"酒头脑"沈锡荣，两人关系很好。

1952年9月，王阿牛和沈锡荣一起调入云集酒厂，协助时任酒厂负责人陈德昌管理酿酒生产。沈锡荣任生产股长，王阿牛任车间管理员。1954年，经选举，王阿牛担任云集酒厂首届工会主席。1956年任云集酒厂副厂长。

1955年，王阿牛赴烟台参加轻工业部举办的全国酿酒培训班，为期两个月的酿酒知识系统学习使他的理论水平有了很大长进。

回厂后，他便着手对之前收集的酿酒资料进行系统分析，整理编写了《黄酒冬酿淋饭、摊饭的技术操作要点》《绍兴酒半成品和工作质量标准》《管理部门职责范围》等技术管理资料。

1959年，绍兴县委将六家酒厂和一家坛厂，联合组建绍兴鉴湖长春酒厂。刘金柱任党委书记，亓辛任厂长，沈锡荣、陈德昌、王阿牛任副厂长。云集酒厂改为"绍兴鉴湖长春酒厂二车间"。由王阿牛兼任车间党支部书记，当年被评为全国轻工业先进生产工作者。

这一年，王阿牛联系生产实际，在他的师傅章福贵和酒厂生产股长王寿泉的帮助下，系统编写了《绍兴酒操作规程》，虽然是一本小册子，却使绍兴酒的酿造技术由祖祖辈辈的口口相传变成了有据可依。

1960年，酒厂更名绍兴县鉴湖酿酒公司，车间撤销，仍恢复云集酒厂，实行经济独立核算，王阿牛任云集酒厂党支部书记。

1966年12月，"云集酒厂"更名为"绍兴东风酒厂"。1973年再次组建"绍兴酿酒总厂"，下设绍酒直属车间和东风、东方红两分厂，总厂党委书记沈锡荣任东风分厂支部书记，王阿牛常任支部副书记，由此足见东风在总厂的地位。1973年，王阿牛任东风酒厂党支部书记，直至退休。

1978年至1984年，根据上级安排，王阿牛任绍兴酿酒厂党委委员、副书记兼绍兴东风酒厂党支部书记。由于长期担任党支部书记，酒厂和业界都亲切地称他"王书记"。

40多年从事黄酒事业，王阿牛获得了诸多荣誉，个人获"全国轻工业系统先进生产工作者""全国群英大会代表""绍兴市优秀共产党员"等称号，两次获评"浙江省劳动模范"，当选浙江省第五、第六届政协委员。

王阿牛的评酒技术很高，被誉为"活酒仙"。1979年5月，国家轻工业部在湖北省襄樊市组织举办全国评酒委员会考核培训班，来自全国各地的105名选手参加培训。王阿牛和另外一人经浙江省轻工业厅选拔参加培训班，角逐"评酒委员"称号。4天的比赛，成绩揭晓，王阿牛以总成绩95分的高分名列第二，被轻工业部聘为部级评酒委员。

1979年8月，轻工业部在大连召开第三届全国评酒会。这次会议上王阿牛表现出色，被誉为"黄酒博士"。1983年9月，轻工业部 15 名评酒委员中，有三人入选全国黄酒评酒委员，王阿牛即为其中之一。

王阿牛重视企业质量管理。1976 年冬酿时节，酒厂调来一批新的糯米酿制加饭酒，为提高产品质量，增加酒的醇厚度，经过支部研究，决定在工艺中适当添加浆水。不料投料开耙后出了问题，醪液的酸度有所上升。正在县里开会的王阿牛得知这一情况后，连夜赶回厂里，对加浆和未加浆的两种醪液进行品尝比较，发现加浆水的略带咸味，怀疑投料米可能是陈米，经查证事实的确如此。原来，粮食部门在调运过程中错把陈米当成新米调给了酒厂。于是，通过改变工艺，停加浆水，确保了成品酒的品质。

王阿牛有一个习惯，除非外出开会，他坚持每天去车间现场和生产工人一起操作酿酒，总结提高技术水平，确保产品质量。王阿牛不但是绍兴酒传统技艺的坚守者、传承者，还是一名坚定的改革者。

1956 年，周恩来总理、陈毅副总理在广州召开制定 12 年科学规划会议，将《绍兴酒整顿、总结与提高发展目标》项目列入"国家十二年科技发展规划"。此后，为减轻工人的劳动强度，王阿牛和机修师傅一起，对酒厂包括搬运、制曲、浸米、蒸饭、榨酒、煎酒、贮存、灌装等各个工段的相关设备进行了大刀阔斧的改革。搬运，包括糯米、小麦、酒坛、坛酒以及其他各种辅料，由原来的人工挑、抬、驮、扛等重体力劳动，改用车子运输；制曲，由草包曲改为"闹"箱曲；取水，由原来工人穿草鞋，人工挑水，改用高位水管输送；浸米，由原来人工挑、抬、背方式的小缸浸米改用机械管道送水入大罐浸米；蒸饭，由原来土灶、小木甑，灶内烧稻草或砻糠蒸煮，1953 年改为锅炉供汽蒸煮；榨酒，由古老的木榨，12 块榨石（每块重 40 千克）、120 只绸袋（每袋重 20 千克）这种传统的手榨，先改为绳索滑轮压榨，后又采用滤布框板压榨机，实现了榨酒机械化；煎酒，由原来的土灶铁锅加热灭菌，改为不锈钢或铜、锡制的盘管水浴灭菌；贮存，从之前的一层平房，到后来的二层、三层，甚至四层储酒仓库，利用率、品质都较原先提高；灌装，从原来25升装大坛成品酒逐渐改为机械灌装的小包装，增加花色品种；吊酒，由原来的小木甑、锡天壶，改为铁制大甑与不锈钢管连接，实现了蒸馏一体化。

1984年，王阿牛"退居二线"，但他依然没有离开黄酒岗位，在东风酒厂一直干到1994年。虽然退休，他还经常受邀去各类黄酒培训班传授绍兴酒酿制技艺。

如今，王阿牛的门徒遍及绍兴各大酒厂，正如他自己所言：

> 20世纪90年代，绍兴市、县质量技术监督局为了抓好乡镇企业酒厂的酿酒质量，局里派人派车，跟我跑遍了当时绍兴市、县的78家大大小小的酒厂，调查摸底，查看酒缸，对开耙师傅进行面对面的辅导、培训、考核、发证。因此，无论到哪个酒厂去，那里都会有我的徒弟。除了绍兴、杭州两个地方，我在金华、兰溪的酿酒培训班上也讲过课，这些培训班大多是浙江省质量技术监督局办的。

2006年，《绍兴黄酒酿制技艺》入选国家首批非物质文化遗产保护项目，王阿牛当之无愧地成为了国家级非遗项目传承人，直至去世时还是唯一的一位。

鲁吉生：一生酿酒号"酒仙"

鲁吉生（1916—2014），绍兴皇甫人。世代酿酒，一生与酒为伴。14岁时，鲁吉生便在本村的鲁恒顺酒作坊学徒，满师后进

鲁吉生

入绍兴同心酱园酿酒，后又去绍兴马安新义城酒厂、北京万康酒厂、苏州酒厂和昆山原康酒厂酿酒。解放后回绍兴，应聘任云集酒厂技工，历任生产科长、副厂长等职。

鲁吉生到云集酒厂时，正逢企业的发展期，他根据长期酿酒积累的丰富经验，致力于生产技术管理创新和新产品研制开发，和王阿牛一起制订了一套切实可行的酿酒操作规范。同时，积极进行技术改造，利用大池替代米抽浸米，合理利用米浆水，将草包曲改成块曲，做好绍兴酒酿造菌种的保藏管理和成品酒品质鉴评工作。鲁吉生还为云集酒厂引入了第一支温度计，通过技术革新改变了原先靠手摸、耳听的开耙方式，摸索出一套切实可行的方案，使云集酒的品质得到保障，质量步步攀升，产品多次荣获国家名酒称号。为提高云集酒生产技术管理，促进新产品研发，提高酒的品质奠定了坚实的基础。他把几十年积累的酿酒经验毫无保留地传授给下一代，为东风酒厂培养了一大批酿酒技术骨干，并身体力行，大搞技术革新，参与建成了全国一流的万吨机械化黄酒车间和瓶酒灌装车间，为振兴绍兴酒做出了积极的贡献。退休后，鲁吉生仍念念不忘企业的发展，经常出入车间了解生产情况，人称"酒仙"。

刘金柱：走出"枪林"入"酒阵"

刘金柱，1929年生，祖籍安徽太和，定居绍兴城区。黄酒博士。

1945年入伍，屡立战功。1954年转业至绍兴，历任绍兴县委工业部部长、云集酒厂党支部书记、绍兴地区专卖公司经理、鉴湖长春酒厂党委书记、绍兴市酿酒总公司总经理、浙江省食品协会副理事长等职。

刚走出"枪林"，又进入了"酒阵"。为开创黄酒生产的新局面，刘金柱刻苦自学《高等酿造学》等专业书籍，并虚心向国内外同行求教管理经验。

20世纪50年代，刘金柱利用野生植物酿制白酒获得成功；20世纪60年代，又率先采用粳米酿制黄酒，并实现了酿酒简易机械化；20世纪70年代，刘金柱发动职工大搞技术革新，实现了瓶酒灌装自动化；20世纪80年代，开发了"古越醇"等7只新产品，年产3万千升黄酒灌装线建成投产。个人先后被授予省级劳动模范、浙江

刘金柱

省"万人赞"厂长（经理）称号。

任中华："东风"浩荡"会稽山"

1983年，时任东风酒厂副书记兼工会主席的任中华接任酒厂新一任厂长。

任中华，1956年进入云集酒厂，先后担任车间记录员、食堂主任、锅炉组长、人保科长、党支部副书记、工会主席。

在王阿牛等前辈的传承带动下，其时，东风酒厂已形成了一支实力雄厚的传统酿酒骨干队伍，生产绍兴酒系列产品，也屡次在行业质量检评活动中名列前茅，蝉联第一，并与绍兴酿酒总公司（总厂）一起历史性地同创共享15枚国内外金奖（包括加饭、花雕、元红、善酿、香雪、老酒汗等产品）。

1987年7月，公司放弃"文革"前使用的"鉴湖"商标，正式启用之前注册的"会稽山"商标，注册号182200号，并多次荣获金奖，"会稽山"的品牌创建工作从此开始。

这一时期，"会稽山"不断强化质量理念，实施规范化管理。无论是生产、质量还是销售等环节，任中华都主导制定了很多规范化的管理条例，为企业的进一步发展打下了扎实的品质基础。企业多管齐下，坚持在生产经营、质量管理、技术改造、设备引进、出

任中华

从「云集」到「会稽山」

口创汇、人才开发、企业文化、工资分配、职工福利等方面同步推进，大胆创新改革，使企业从过去的"生产型"转轨为"生产经营型"，经济效益也有了进一步提升。任中华个人多次获评绍兴市、县优秀厂长、企业家，1989 年 6 月当选绍兴市食品协会副会长。并两次应邀出访日本、新加坡考察绍兴酒市场。1988 年，企业实现利润 436.5 万元，创历史纪录。

1978 到 1988 年的十年间，企业工业总产值从 676.55 万元增加到 1279.07 万元，年平均增长 19.65%。黄酒产量从 8929.19千升增加到 16938.88 千升，年平均增长 18.96%；白酒从 852.46吨增加到 1336.65 千升，年平均增长 15.67%；瓶酒从 1980 年仅 8.94 千升以每年平均递增近一倍（95.46%）的幅度增产到4129.66 千升；实现利润从 33.49 万元增长到 436.5 万元，年平均递增 124.11%。

到 20 世纪 80 年代末，会稽山酒的品质地位已得到全面确立。1987 年"全省最佳冬令商品评选"中，被浙江省消费者协会、省质量管理协会、省标准计量局、《钱江晚报》授予金奖杯。1988年，在全国首届食品博览会上，"会稽山牌"（外销"塔牌"）花雕酒、加饭酒、元红酒再度荣获金奖。1989 年，在全省大型民意调查"消费者评说产品优劣"活动中，"会稽山"以同行业产品质量总分第一名的好成绩，被浙江省消费者协会、省城市农村社会经济调查队、中国质协用户委员会杭州质量跟踪站授予"很满意产品"，成为绍兴全市同行业中唯一实行"产品质量保险"的单位。"买酒要买东风酒"成为当时省内外消费者的一句口头禅。

1989 年 8 月，国家中标项目——绍兴东风酒厂扩建年产万吨的机械化黄酒车间工程顺利通过竣工验收。

1993 年，任中华大胆引进港资，再次投资 1998 万美元合资组建"东风绍兴酒有限公司"，中方控股 51%，建立"中国绍兴酒城",成为中国黄酒业中首家中外合资的企业,也为会稽山实现跨越式发展积累了一笔巨大的财富。一年后,东风酒厂以突出的经营业绩进入全省"最大经营规模""最佳经济效益"工业企业评价序列,任中华被评为九四年度"全国食品行业优秀企业家"。

在任中华主持酒厂工作期间,酒厂产品大量出口日本、东南亚国家及欧美市场。企业瓶酒车间内装组以"4073 万瓶优质酒"的优异成绩,在 1990 年荣获"全国五一劳动奖杯",成为全国黄酒行业中第一家也是唯一一家获奖的先进班组。1997 年,东风酒厂在全国黄酒行业中第一家通过了 ISO9002 国际质量体系认证,成为"中国黄酒第一证"。

冯张法:文化营销开先河

1998 年 10 月 10 日,"东风酒厂"与"中国轻纺城集团股份有限公司"实行强强联合,东风酒厂国有资产全额置换给中国轻纺城集团股份有限公司,轻纺城成为"东风绍兴酒有限公司"控股股东。同月,时任柯桥开发委副主任冯张法来到会稽山出任公司总经理。

如果说任中华时期创建了会稽山的品牌,规范了会稽山的管理,组建了中外合资企业,确立了会稽山在绍兴酒中的品牌地位,那么冯张法主导的"会稽山"首先在绍兴黄酒中祭起了文化营销的大旗。

1998 年以来,"会稽山"在严抓产品质量的同时,创新思路,开发"帝聚堂"省级新产品,畅销市场;同时积极致力于文化营销工作,提升会稽山品牌地位。公司先后组织召开了首届会稽山酒文化学术研讨会,并在绍兴酒同行中首家推出会稽山酒文化珍藏卡。1999 年,公司又投资 200 多万元打造了浓缩会稽山百年历史精华的"会稽山绍兴黄酒博物馆",很好地宣传了绍兴黄酒文化以及会稽山的历史渊源,每年吸引上万人前来博物馆参观旅游。同时,邀请国内黄酒界专家学者组织召开首届"会稽山黄酒营养保健研讨会"、会稽山营销战略研讨会,组织召开会稽山"共和国同龄酒"产品拍卖会,开创了绍兴酒拍卖的先河。公司

冯张法

开始全面系统地阐释会稽山品牌的文化内涵。

1999 年,"会稽山"商标被认定为"国家首批重点保护商标"。2000 年,东风酒厂入选中华人民共和国首批原产地域产品保护企业,瓶酒生产部被评为"全国模范职工之家"。2001 年,公司被授予"全国食品行业质量效益型先进企业",同时,经"中国绿色食品发展中心"认定批准,会稽山绍兴酒成为绍兴黄酒中第一个绿色食品。12 月,通过 ISO14001 环保体系认证,成为绍兴县首家通过环境管理体系认证的企业。2002 年,"灵芝精雕酒"获得国家保健食品批准证书,成为国内同行业中第一个保健酒产品。

傅祖康:情系"会稽山"

傅祖康,1964 年生,汉族,浙江绍兴人,中欧 EMBA,高

级经济师，黄酒国家级资深评委，中国酿酒大师，柯桥区劳动模范。中国食品科学技术学会黄酒学会副会长，中国食品工业协会常务理事、柯桥区食品工业协会会长、绍兴市酒文化研究会副会长。先后荣获"全国酿酒行业百名企业先进个人""全国食品工业先进科技管理工作者""2005 年度食品行业十大新闻人物"。入选"谁改变了中国酒业 10 年·50 人"和"中国葡果酒、黄酒及保健酒十大品牌领袖"，获 2007、2009 年度"中国酒业营销年度风云人物"称号。

从一名战士到财务会计，从一个不懂酒的"门外汉"，到成为黄酒业领军企业的掌门人，中国酿酒大师。

傅祖康，上过老山前线，做过财务会计，入主"会稽山"20年，在企业融资、财务管理、市场营销、品牌打造等方面均有深入的研究和探索。他提出的"跳出黄酒卖黄酒""打造黄酒营销标准""黄酒营销'钓鱼'理论""黄酒的'熟'定位"等诸多营销

傅祖康

思想，如一泓清泉，为保守的黄酒行业注入了活水，为"会稽山"走向全国市场注入了强劲的动力，为黄酒产业的营销创新与发展做出了杰出的贡献。

2003年11月11日，不惑之年的傅祖康开始了他人生的一个重要转折，从财务岗位主动请缨，孤身一人来到"会稽山"，开始执掌"会稽山"这艘百年巨轮的掌舵人。

到任"会稽山"后，傅祖康便带着营销团队，遍访省内外市场，走访公司合作伙伴，拜访公司老领导，求教于行业人士，问计于营销专家，通过调研，发现了困扰绍兴黄酒和"会稽山"的四个层面的问题。一是由于历史和产业原因，绍兴黄酒业保守思想较重，习惯于按部就班，创新力度不强，创新意识不足；二是绍兴酒的营销理念较为落后，缺乏完备的营销体系；三是绍兴酒企业间人员缺少交流，危机意识缺乏；四是黄酒"土特产"的概念认知较强，价值有待重新挖掘。

随后，傅祖康以营销为突破，在"会稽山"烧起了他的"三把火"。一是内培外引，在留住人才的同时引进人才；二是加快新产品开发，推出适合市场的"稽山清"等时尚新品；三是改革完善各项考核体系。

在加强企业内部管理的同时，傅祖康充分发挥他资本运作的特长，积极筹划实施他的品牌和资本双轨强企的设想。

经过近两年的准备，2005年11月18日，傅祖康开始正式实施他的品牌提升和资本扩张计划。

这一天，傅祖康亲自举牌，以每股3.13元，总价8920.50万元竞得浙江嘉善黄酒2850万股国有股权，创绍兴黄酒业异地收购之先河。同一天，"会稽山"又以7000万高价中标央视黄金广告标段。一天投入1.6亿元，两大壮举，业界震惊。

时隔一月，为配合"会稽山"商标荣获"中国驰名商标"，全面宣传"会稽山"品牌，进军全国市场，傅祖康将延续了三十多年的东风厂名更改为"会稽山绍兴酒有限公司"，为"会稽山"启动全国市场营销战略吹响了冲锋号。

一年后，"会稽山"三记重拳，再掀黄酒业风暴……

2006 年 11 月 8 日，"会稽山"与香港凤凰卫视建立战略合作关系，投资 500 万元，利用凤凰卫视在中国大陆和香港台湾地区、日本、东南亚地区以及澳洲、新西兰、中东等地的良好资讯和美誉，传播"会稽山"形象广告，吹响了"会稽山"进军国际市场的号角。也是在这一年，为迎合现代人追求时尚健康的消费趋势，傅祖康以一款精心打造的"水香国色"新品，组建全新的营销团队，快速进军吴江、苏州市场，当年销售突破 4500 万元。

2007 年，一个有关"钓鱼、养鱼"的黄酒理论新鲜出炉，再一次成为行业焦点。

"要跳出黄酒看黄酒，在牢牢掌控黄酒传统消费市场话语权的同时，积极地与红酒、啤酒、白酒抢市场，"傅祖康说，"要解决好企业的生存，注重可持续发展。解决生存就是到有鱼的地方去钓鱼，解决发展就是到鱼少的地方或没有鱼的地方去养鱼。只钓不养，会失去发展的潜力；只养不钓，会妨碍企业的持续发展。"

2004 至 2007 年，"会稽山"的销售业绩以每年 20% 左右的增速持续增长。傅祖康，用事实和数据证明了自己。这位一度被同行嘲笑为"不懂黄酒"的掌门人，"会稽山"这家被"不懂黄酒"的人率领的企业，在当时成为绍兴黄酒行业销售增长最快的企业。同行们也由此感到震惊并明白：原来，"外来的和尚"也能念好百年"会稽山"这部黄酒经。

创新营销，打造超级单品

"绍兴黄酒不缺文化缺传播，不缺技术缺营销。"这是傅祖康经常说的一句话。

到任"会稽山"后，傅祖康便把营销工作视为公司战略的重点，并亲自挂帅，以初生牛犊不怕虎的勇气，广招人才，开始黄酒传统营销的"搅局"之路，启动"会稽山"全国市场的全新征程。

　　众人拾柴火焰高。傅祖康一直倡导同行之间的有序竞争。他说："企业之间的竞争不是坏事，有竞争才有发展，有竞争才有机会，才有发展的动力。黄酒产业必须注重并加强品牌的培育与打造。"

　　为了讲好品牌故事，傅祖康带头给营销人员授课，讲述会稽山的品牌文化、绍兴黄酒的历史文化，还提出了通俗易懂的"六最"营销法，要求全体销售人员"用最短的时间、最好的方法、最少的成本、最好的服务、最通俗易懂的文化把产品送到消费者最接近的地方"。

　　"品牌的背后是文化，喝酒更多的是在追求一种精神层面的东西。"傅祖康说，"黄酒营销关键是做好两件事。一是提供有价值的产品和增值的服务；二是影响更多的消费者购买企业的产品和服务。一个好的品牌具备自我'复制'能力，能形成'病毒'式的营销传播。消费者要的不仅仅只是品牌的正宗，还要正宗背后的'传奇'与'故事'。"

　　"黄酒是给成熟的人喝的"，2013年，傅祖康提出了黄酒的"熟"定位。"黄酒是一种'熟'酒，这个'熟'字包含两层意思，一是成熟的人。思想成熟，有担当和责任感，有独立的判断能力；二是熟悉的人。包括亲人、朋友、同学、战友等。"

　　在傅祖康的主导并推动下，"会稽山"一直注重营销模式的创新，从首次在业界推出"酒卡""酒庄"，到行业内第一家进行黄酒拍卖，回购陈年黄酒，再到国内第一家开通中酒网上交易，创办会稽山"酒药传承仪式""会稽山封坛节"，乃至基于区块链推出的数字酒庄……"会稽山"一直走在创造需求、引领消费的先头阵营。特别是"会稽山纯正五年"的横空出世，更是傅祖康"品类思考、品牌表达"营销思想的完美呈现。

2009年，"会稽山"联手国际品牌策划机构，在中国黄酒业中第一家投巨资给企业品牌做立体式定位研究，并最终确定了"绍兴黄酒，闻名天下；在绍兴黄酒的故乡绍兴，人们更爱喝会稽山；会稽山，始于1743年，绍兴人爱喝的绍兴黄酒"这一品牌战略定位。

为了确保品牌战略的有效实施，打破行业中低端产品的混乱格局，傅祖康拍板断然砍掉了18个属于"现金牛"的同类产品，推出基于"会稽山"全新品牌战略定位的战略性品项"纯正五年"。

棕色厚重的方形酒瓶，大红喜气的烫金商标，厚实的手感，纯正醇和的口感，融道家智慧与儒家文化于一体，与"黄酒之源会稽山"的行业地位和品牌地位极为配衬。加之酒体融合现代生物工程技术和膜分离技术，醇和清爽，"纯正五年"已成为傅祖康践行"打造黄酒营销标准"的经典之作。

"纯正五年"大单品战略的实施，对于"会稽山"以及整个绍兴黄酒产业的发展都具有重要的战略意义和示范效应，实现了产品价值回归，提升了产品价值空间。业内人士评价"纯正五年"真正树立了绍兴黄酒的清晰形象和心理价格，是一款黄酒发展进程中有着标杆意义的产品。

2011年，"会稽山纯正五年"单品销售突破100万箱，较上一年增长250%。2013年突破200万箱，目前，基本稳定在每年300万箱以上，占公司销售收入的30%左右，成为中国黄酒产业大单品战略的标杆。

提升价值，再启发展征程

"纯正五年"的成功并没有让傅祖康自我陶醉，因为他明白，没有一劳永逸的产品，也没有包打天下的妙计，唯有不断创新谋变，才能使"会稽山"这棵百年老树散发出生命勃发的新枝，傅祖康开始谋划更加长远的未来。

2019年8月25日，作为"纯正五年"的升级产品，顺应国潮风的"会稽山1743"新品闪亮登场。新品抛弃了黄酒传统土特产的形象，将传统元素、华夏文化、文化自信糅合一处，借鉴传统版画的表现手法，将经典文化与时尚创意融于一体，顺应了年轻消费者需求。独特的江南元素"小桥·流水·人家"组合呈现，既展示了绍兴水乡优美的酿酒场景，又开启了消费者独特的空间想象和诗意体验，最后，一句"和自己人，喝会稽山1743"水到渠成，让每一个消费者在细品慢酌之中感受到江南水乡独特的生活体验。

"和自己人喝"的营销新理念以品类视野，升级定位，将会稽山企业的发展战略提升到了做大产业蛋糕，共享品类成长红利的新高度。这是以消费者为核心的市场营销理念的进一步深化，是持续挖掘黄酒消费潜能、做大品类蛋糕的有力尝试，也是"会稽山"积极倡导黄酒"熟"文化理念的进一步升华，为精准演绎黄酒消费场景，营造全新的消费品饮体验，贡献了会稽山智慧和会稽山力量。

2020年年初，傅祖康在企业公众号刊发了"聚焦核心，拓展两翼，开启创新发展新征程"一文，文中提出："会稽山"将坚持"一核两翼"的品牌策略，坚持"聚焦"战略不动摇，打造营销新势能，提升价值中枢。

"一核"，即围绕大单品战略。以"纯正五年"和"会稽山1743"两大单品为主线。"两翼"，即以"兰亭大师"和个性化定制品为代表的两条发展路径。这一品牌策略，既体现了"会稽山"坚持大单品战略不动摇的核心思路，又展示"会稽山"创新不守旧的品牌精神。

在傅祖康看来，随着消费理念的升级和市场环境的变化，酒类消费多元化、个性化现象更加凸显，黄酒业如何在纷繁复杂的市场中扩大份额，必须转变思路，整合资源，做精品质，做强品牌，以品类思考作品牌表达。

如果说，10年前傅祖康主导联手国际知名战略咨询公司，以"绍兴人爱喝的绍兴黄酒"差异化定位打造"纯正五年"大单品，成就了中国黄酒业大单品战略的经典营销案例；那么，十年后"会稽山"重整行装，以近三个世纪的历史、品质和文化自信，推出"会稽山1743"和"大师兰亭"，以品类的思维倡导"和自己人喝"的熟酒文化，这是傅祖康坚持聚焦战略，用行动践行他的营销思想，打造黄酒传播、场景、体验的战术演绎，也是傅祖康为提升品牌价值、做大产业蛋糕、复兴黄酒文化做出的承诺与贡献。

注重学习，弘扬国酒文化

工作之余，傅祖康喜欢看书、听书。他常说，"思想决定行为，理念决定出路。要适应新的市场变化和发展需要，就必须加强学习。"

平时，不管工作多忙，他都会挤出一定的时间看看书，了解最新的知识，然后把他对黄酒产业发展、品牌建设、营销管理的思考与下属和媒体分享。

"黄酒营销要站在消费者的角度去思考，要弱化'年份'概念，创新营销理念，强化饮用属性，推进发展征程。做到定位清晰，诉求明确，品类思考，品牌表达，龙头企业要带头引领。"傅祖康侃侃而谈。

"一个人一生应该干的事情很多，能够干的事情却很少，人生很短，认准一件事就要干下去，人一辈子能真正干好'一件事'，就是了不起的事！"

"黄酒有很多故事可以讲，地域文化、原辅材料、酿造工艺、贮存环境等都是很好的品牌说辞。像绍兴黄酒传承千年的酿造工艺，独特的配方，得天独厚的鉴湖水，就是其今天独秀于中国黄酒的品牌支撑。"

在傅祖康看来，绍兴酒是民族的，也是世界的。绍兴酒要走向全国，必须行业、企业同心协力，共同营造黄酒消费的良好氛围。

"'会稽山'有今天的成就，不是靠某一个人，而是靠一种积累，一个品牌，一支团队，是几百年来所形成的一种精神，一种创业的文化。"

来到"会稽山"之后的第五个年头，傅祖康主导搭建起企业文化框架，总结提炼了企业精神、价值观、使命感等理念体系，组织人员深度挖掘"会稽山"品牌历史文化内涵，请专业人员创作谱写企业歌《矢志不移》，创办《会稽山报》，易地重建会稽山黄酒博物馆，致力于"会稽山"品牌文化和黄酒文化推广弘扬工作。

在傅祖康的策划运作下，"会稽山"在品牌建设、质量管理、技术创新等方面都取得了卓越的成就。公司先后取得"中国驰名商标、国家免检产品、中华老字号、国家地理标志保护产品、浙江省质量管理奖"等众多荣誉称号，成为"绍兴黄酒酿制技艺"国家级非遗项目传承基地、2015年意大利米兰世博会中国馆指定黄酒、2016年杭州G20峰会指定黄酒、2022年杭州亚运会官方指定黄酒。傅祖康个人也荣获"全国酿酒行业百名企业先进个人""全国食品工业先进科技管理工作者"等荣誉称号。

2005年岁末，傅祖康与蒙牛集团董事长牛根生、中粮集团董事长兼总经理宁高宁、青啤集团总经理金志国等一起入选由《新食品》杂志社2005年度十大新闻人物名单。

2006年3月，傅祖康入选"谁改变了中国酒业10年·50人"名单。10月，再次入选"中国葡果酒、黄酒及保健酒十大品牌领袖"。并入选由香港国际名酒文化研究会和中国酒业著名记者联盟联合编著的《谁改变了中国酒业》一书。

2009 年 9 月，傅祖康与茅台集团董事长季克良、张裕集团董事长孙利强等一起入选"改革开放 30 年中国酒界领军 30 人"。

2021 年，傅祖康荣耀入选"中国酿酒大师"，这也是对傅祖康二十年如一日，沉醉"会稽山"，致力于黄酒事业和黄酒文化发扬光大的最高褒奖。

2023 年，傅祖康卸任了担任 20 年的总经理一职，将企业经营的接力棒交给了新一任接力者，担任公司党委书记和首席酿酒师，专注于百年会稽山高品质黄酒的酿造。

"以正治国，以奇用兵，以无事取天下"。这是对傅祖康营销管理思想的诠释，也是对他 20 年如一日，致力于酿好"一坛酒"，做好"一件事"的褒奖。

金建顺："精细管理"出成效

金建顺，男，1959 年 9 月出生，浙江省绍兴市柯桥区人。中共党员，工商管理研究生学历，高级经济师，绍兴市劳动模范。曾任中国酒业协会副理事长，中国酒业协会黄酒分会副理事长。历任绍兴县杨汛桥中心学校教师，部队政治处干事，绍兴市人事局主任科员，绍兴福乐院院长，绍兴华能超市有限公司总经理，精功集团常务副总经理，精功集团董事局副主席，精功控股董事长，浙江中国轻纺城集团股份有限公司董事、总经理。2009 年起任会稽山绍兴酒股份有限公司董事长，2013 起兼任公司党委书记，2019 年退休。

10 年间，金建顺借力公司股份制改造，以精细化、规范化、信息化为管理理念，深化精细管理，加强绩效考核，全面导入信

金建顺

息化管理系统，推进企业现代化管理步伐。2014 年 8 月 25 日，会稽山成功登陆上海主板市场，开启了百年企业新的腾飞之路。

进入会稽山以来，金建顺以一份酿酒人的静心、执著和坚守，传承绍兴黄酒千年技艺和百年会稽山文化精粹。精细管理、变革创新、两化融合、机器换人，让中国黄酒在工业 4.0 时代焕发出更加蓬勃的生命力。

在金建顺的倡导和推动下，管理上，"会稽山"深入实施 OA 协同办公系统，打造财务信息化管理和供应链管理系统，产品防伪追溯识别系统，提升市场快速反应能力。以 7S 管理为抓手，整合仓储资源，挖潜增效，营造有序、高效、和谐的工作环境；技术上，"会稽山"用现代工具演绎传统工艺，国内首创生麦曲自动化生产线，首家提出并研发建成了集机械化、自动化、信息化于一体的年产 10 万千升智慧酿酒生产线和灌装物流生产线；营销上，借助外脑，实施品牌战略定位，加大品牌、产品、市场的聚焦力度，推行扁平化管理，实施一站式、保姆化的服务，强化终端掌控，规范市场秩序，提高市场占有率。

从成功上市到定增收购"唐宋""乌毡帽",再到竞拍"塔牌股份",从手工操作到自动化控制、智慧酿造的迭代……无不体现着公司在体制、机制方面的优势,彰显了百年会稽山持续改革创新的精神。

2019年8月25日,"会稽山1743"新品发布会在绍兴世贸召开,这是金建顺任职会稽山期间参加的最后一项公开活动。

在答谢客户的欢迎辞中,金建顺说:"站在历史的当口,我们感恩会稽山的先人们,感恩绍兴这方水土,感恩越地的父老乡亲,是他们托起了'会稽山',成就了'会稽山',我们唯有更加勤勉,戮力前行。"

从2009年到2019年,金建顺秉承"酿酒用心,服务贴心"的理念,通过机器换人,加快实施工业化、信息化"两化"融合,"会稽山"在黄酒的智慧酿造方面走在了行业前列,多个项目获国家级奖项。

2015年,公司《生麦曲自动化生产系统技术》获中国轻工业联合会技术进步奖一等奖,并列入国家火炬计划产业化示范项目;"黄酒酿造自动化控制系统研发与应用""黄酒麦曲自动化生产系统技术及应用"两个项目达国际先进水平;"黄酒自动化压滤系统及应用"项目国内领先;"黄酒酿造工程创新集成技术研发与应用"获中酒协科学技术一等奖。2018年,"会稽山"等四家单位联合申报的"黄酒绿色酿造关键技术与智能化装备的创制及应用"获国家技术发明奖二等奖。2017年3月23日,浙江省政府领导来到会稽山公司,对"会稽山"在提升历史经典产业,推动经济转型升级工作中做出的贡献予以充分肯定和高度评价。

2019年4月24日,中国酒业协会第五届理事会第九次(扩大)会议在京召开,会上,会稽山公司"影响黄酒舒适度关键因素解析、调控及工业化应用"项目获"中国酒业协会科学技术进步奖一等奖",董事长金建顺获"2018 年度中国酒业科技领军人才"称号。

金建顺,以他的初心、匠心和感恩之心,凝聚了他的团队,让"会稽山"这坛百年陈酿以更加馥郁的芬芳,香飘四方。

虞伟强:平稳过渡保重整

2019 年 9 月 6 日,因公司控股股东精功集团司法重整,会稽山大股东面临更换。9 月 26 日,公司召开股东大会,选举产生新一届董事会。时任中国轻纺城集团股份有限公司总经理虞伟强出任公司董事长,时任柯桥日报有限公司执行总经理王强出任公司副董事长,傅祖康继续担任公司副董事长兼总经理。

1974 年出生的虞伟强属于土生土长的绍兴人,从小闻着酒香长大,对"会稽山"很熟悉。

在中层干部见面会上,虞伟强说,来到"会稽山",只是"万里长征的第一步",接下来的工作很多,要经得住考验,关键在于业绩,也是对个人领导力的考验。"会稽山"是一个很好的平台,自己有底气、有能力完成组织交给的任务。

他说,"会稽山"要发展,必须坚守核心技艺与匠心品质,以全新的姿态走进大众视野,讲好老字号故事,弘扬老字号的优秀传统文化内涵。

随后,借力绍兴黄酒小镇建设的东风,"会稽山"全力打造集智慧酿造、非遗传承、文化传播、工业旅游于一体的黄酒产业园,并通过网红探店、回厂游等方式,把黄酒文化、黄酒品鉴、酒道表演、美食文化等融为一体,借酒兴旅、借旅促酒,展示国粹黄酒优秀传统文化的非凡魅力。同时,通过每年举办黄酒封坛节和酒

虞伟强

种传承仪式，为消费者献上一场场集文化、美酒、时尚、休闲于一体的黄酒嘉年华。

针对黄酒存贮难、收藏难、流通难、交易难、投资难等痛点，"会稽山"在业内推出首款黄酒区块链产品——"数字酒庄"黄酒。消费者可以不受时间、地域等条件的限制，通过支付宝或微信小程序随时下单购买，多次商流，一次物流，迎合了更方便、安全、健康的消费需求，也迎合了年轻化、大众化的消费趋势，开启了中国黄酒数字化营销的新时代。

众所周知，老字号有历史、有记忆、有文化、有故事，是中华民族文化自信的力量源泉。但面临消费升级的浪潮，如何通过深入挖掘蕴含的优秀传统文化精髓，用更好的产品和服务去守住经典，满足年轻消费者需求，实现老字号品位与品质、潮流与个性的有机融合。

鉴于此，"会稽山"大力开展跨界营销，塑造年轻化品牌形象。如与深受年轻人喜爱的品牌联名、联手开发黄酒奶茶；致力乡村振兴，参与美丽乡村建设，在鉴湖畔开设国内第一家黄酒吧，以黄酒做基酒，现场定制各种口味的鸡尾酒，营造出黄酒时尚消费新场景，使会稽山成为"共创美好生活"的同路人。

从「云集」到「会稽山」

"让黄酒再度成为中国文化的流行符号、流行元素，这是一项需要几代人为之奉献和奋斗的事业，我们一直在路上。"在虞伟强的倡导和推动下，"会稽山"通过线上线下的有机融合，传承、创新、突破、跨越，致力为消费者酿造高品质的黄酒，倾力打造老字号国潮精品，让更多的年轻消费者爱上有根的"会稽山"文化。

一、会稽山企业历任掌门人

时间	掌门人姓名	备注
清乾隆八年（1743 年）	周佳木	"云集"酒坊创始人
	/	第二、三代不详
不详	周玉山	"云集"酒坊第四代坊主
不详	周葆塘	云集元记酒坊坊主
不详	周睦隣	云集昌记酒坊坊主
不详	周叔循	云集利记酒坊坊主
	周清（幼山）	云集信记酒坊坊主
	周善昌	云集亨记酒坊坊主
1951 年 12 月 12 日	陈德昌	副厂长，云集酒厂负责人
1953 年年初	王荣生	云集酒厂厂长
	陈德昌	副厂长
1953 年下半年—1954 年	王彦明	云集酒厂厂长
	王志香	柯桥合营酒厂厂长

时间	掌门人姓名	备注
1954—1956 年	王彦明	云集酒厂厂长
	沈锡荣	公私合营柯桥酒厂厂长
1957—1959 年	刘金柱	云集酒厂书记
1959 年	刘金柱 亓 辛	鉴湖长春酒厂组建，刘金柱任书记，亓辛任厂长。沈锡荣、陈德昌、王阿牛任副厂长 云集酒厂更名鉴湖长春酒厂二车间，王阿牛任车间支部书记，沈阿华任车间主任
1960 年	王阿牛 沈阿华	长春酒厂改为绍兴县鉴湖酿酒公司，车间撤消，恢复云集酒厂，经济独立核算。王阿牛任云集酒厂书记，沈阿华任厂长
1966 年	沈阿华	云集酒厂更名绍兴东风酒厂，沈阿华任厂长
1973 年	沈锡荣 王阿牛	组建绍兴酿酒总厂，下设绍酒直属车间和东风、东方红分厂。总厂党委书记沈锡荣兼东风分厂支部书记，王阿牛为常任支部副书记
1980—1983 年	杜阿利	绍兴东风酒厂厂长
1983—1994 年	任中华	绍兴东风酒厂厂长
1994—1998 年	任中华	东风绍兴酒有限公司董事长、总经理

附录

时间	掌门人姓名	备注
1998—2003 年	谢方员	东风绍兴酒有限公司董事长
	冯张法	总经理、法人
2003—2005 年	傅祖康	东风绍兴酒有限公司董事长、总经理
2005—2009 年	金良顺	会稽山绍兴酒有限公司董事长
	傅祖康	总经理
2009—2019 年	金建顺	会稽山绍兴酒股份有限公司董事长
	傅祖康	总经理
2019—2023 年	虞伟强	会稽山绍兴酒股份有限公司董事长
	傅祖康	总经理
2023 年至今	方朝阳	会稽山绍兴酒股份有限公司董事长
	杨 刚	总经理

从「云集」到「会稽山」

二、企业及品牌荣誉

1991年，企业瓶酒内装组被授予全国先进班组"五一劳动奖状"。

1992年，企业列入全国轻工业系统200家最大企业。

1993年，公司荣获中国500家最佳效益企业。

1995年，公司被评为全国轻工业优秀企业；中国轻工业200强企业；出口商品生产企业质量管理先进单位。

1996年，公司被评为中国酒行业优秀企业；国家大型一档企业。

1997年，公司荣获"全国酒行业明星企业"称号；全国食品工业行业质量效益型先进企业。

1997年，公司在中国黄酒业中首家通过ISO9002国际质量体系认证。

1999年，公司被评为全国食品行业质量效益型先进企业。

1999年，"会稽山"商标被国家工商局认定为"首批国家重点保护商标"。

2000年，公司成为我国首批获得"地理标志（原产地域）产品"保护的单位。

2001 年，公司获全国酒行业先进企业；全国食品行业质量效益型先进企业。

2001 年，公司通过 ISO14001 环境管理体系认证。

2003 年，公司获全国食品工业质量效益先进企业奖。

2004 年，公司获全国食品工业科技进步优秀企业奖。

2004 年，公司获全国酿酒行业百名先进企业；全国守合同重信用企业。

2005 年，"会稽山"商标被国家工商行政管理总局认定为"驰名商标"。

2006 年，"会稽山"被国家商务部认定为首批"中华老字号"。

2007 年，公司获"全国酿酒行业劳动关系和谐企业"称号。

三、产品荣誉

国际部分

1915 年，美国举行的"巴拿马太平洋万国博览会"上，"云集酒坊"为绍兴酒获得第一枚国际金奖。

1985 年，获西班牙马德里第四届国际酒及饮料博览会金奖。

1986 年，获法国巴黎第十二届国际食品博览会金奖。

1989 年，获中国首届北京国际博览会金奖。

1992 年，获日本第四届国际酒类饮品博览会金奖。

1994 年，获美国巴拿马国际食品博览会金奖。

国内部分

1949 年，被列为新中国开国大典国宴用酒。

1952 年，浙江"鉴湖长春酒"获"国家名酒"称号，被评为全国"八大名酒"。

1963 年，第二届全国评酒会上被评为全国"十八大名酒"。

1979 年，第三届全国评酒会上被评为全国"十八大名酒"。

1984 年，获轻工业部全国酒类大赛金杯奖。

1988 年，获首届中国食品博览会金奖。

1990 年，获中国食品工业十年新成就展会优秀新产品、对外经济贸易部优质产品奖。

1994 年，获全国食品行业名牌产品奖、全国食品行业优质产品奖。

1994 年，获上海首届世界名烟名酒系列产品博览会金爵奖。

1996 年，获全国食品行业国家金质奖、全国食品行业名牌产品。

1998 年，被北京人民大会堂指定为"唯一国宴专用黄酒"。

2001 年，被中国绿色食品发展中心认定为"绿色食品"。

2007 年，被国家质量监督检验检疫总局评定为"中国名牌"。

2015 年，会稽山绍兴酒成为意大利米兰世博会中国馆指定黄酒。

2016 年，"会稽山典雅 30 年陈绍兴酒"入选 G20 杭州峰会指定用酒。

2021 年，"会稽山"成为 2022 年杭州亚运会指定黄酒。

参考文献

1. 中国专卖事业总公司,《中国名酒分析报告》, 1952, 红星档案室藏

2. 朱梅, 古今酒事(十)"八大名酒产生的前前后后",《酿酒》.1985(1).P65-67

3. 朱梅, 古今酒事(十三)"中外驰名的绍兴酒".《酿酒》, 1985年(3-4).P77-79

4. 周清编著,《绍兴酒酿造法之研究》, 上海新学会社, 民国十七年(1928)八月发行, P1-2

5. 东浦镇志编纂办公室编,《东浦镇志》, 内部发行, 1998

6. 绍兴县地方志编纂委员会编,《绍兴县志》, 北京:中华书局出版社, 1999

7. 浙江省轻纺工业志编辑委员会编,《浙江省轻工业志》, 北京:中华书局出版社, 2000

8. 王秋芳, 追忆首届八大名酒的诞生,《华夏酒报》, 2012.1.3, A16

9.《浙江通志》编纂委员会编, 浙江科学技术出版社,《浙江通志·食品工业志》第四十六卷, 2021.10 第一版, P183、204

10.陈小根、王阿牛主编，绍兴东风酒厂庆祝中华人民共和国建国 40 周年厂史资料，1989 年 7 月

11.浙江省工业厅,《绍兴酒酿造》，北京：轻工业出版社,1958

12.杨国军,《绍兴黄酒酿制技艺》，国家级非物质文化遗产代表作申报书，内部资料，2006

13.杨国军,《绍兴黄酒酿制技艺》，杭州：浙江摄影出版社,2009

14.杨国军,《绍兴酒鉴赏》，杭州：浙江摄影出版社，2006

15.杨国军,《黄酒之源会稽山》，杭州：西泠印社，2008

16.杨国军,《情醉会稽山》，绍兴：内部资料，2008

后 记

今年是会稽山绍兴酒股份有限公司前身"云集酒坊"创建280周年。在这样一个特殊的时间节点，对这样一家具有280年历史的百年老字号的发展历程作一次系统的梳理，无疑是一件非常有意义的事情。

有数据表明，全球百年以上的企业有5万家。其中，日本最多，有25000多家，居世界第一，美国有11700多家，位居第二，我国百年企业有说是1000多家，虽然数量也不少，但对于中华民族这样一个具有5000多年悠久历史的文明古国，其实并不显多，而超过200年历史且无断代传承的企业更属凤毛麟角。

如何讲好"会稽山"百年品牌的故事？这既是对"云集"先祖以及"会稽山"历代先人的告慰，也是传承弘扬"会稽山"百年品牌历史、绍兴黄酒千年酿制技艺和黄酒中华"国酿"文化的需要。

会稽山可以讲的故事很多，但在浩瀚的史料中撷取最有价值意义的事并归之于文，却并非简单的事。一是会稽山280年的历史源远流长，积淀深厚，资料梳理并不容易；二是采用什么样的叙事风格来讲好这个故事；三是以什么样的角度切入？

作为一名黄酒行业的从业者和酒文化爱好者，虽然有数十年的

237

资料积累，还受邀参与了《浙江通志·浙江食品工业志》之"绍兴酒专记"的撰稿，主编过国家首批地理标志保护产品《绍兴酒鉴赏》，参与申报并负责起草国家级非物质文化遗产代表作《绍兴黄酒酿制技艺》等工作，但一旦落笔，还是经常因史料短缺而困扰，尤其当涉及企业品牌的重要荣誉和领导人等相关章节时更甚。如1949年开国大典宴会用酒上的绍兴酒，1952年"八大名酒"获奖绍兴酒的出处考证，1956年中央拨款建造"绍兴酒陈贮中央仓库"的前因后果，一代伟人和会稽山绍兴酒背后的故事，1998年"会稽山""兰亭"认定为人民大会堂唯一国宴专用酒的资料佐证，等等，许多时候，完全是凭着自己对"会稽山"的一份情感和热爱，在泛黄的档案资料中寻珠觅迹，在浩如烟海的互联网中漫游探索，点滴积累，有时花费很长时间也找不到一条有用的线索，但正因为过程之艰辛，当最后还原真实的历史事件，完成相关证据链的构建，那份喜悦，仿如自己从事科研工作时攻克了一个重大的技术难题！

尤为重要的是，此次编撰也纠正了之前企业沿革存在的时间谬误。如云集酒厂更改为绍兴东风酒厂的时间应为"1966年12月9日"，而非原厂史记载的"1969年"或"1967年"；还有，几经周折，找到了1952年"八大名酒"获奖时参评绍兴酒的原始档案资料，以及1956年"绍兴酒陈贮中央仓库"建于云集酒厂的史料证据……凡此种种，也算是书稿编撰工作中的意外之喜。

在本书的编撰过程中，要特别感谢会稽山绍兴酒股份有限公司为我的写作提供了诸多便利。感谢精工控股集团董事长、会稽山绍兴酒股份有限公司董事长方朝阳先生，中国酿酒大师、会稽山绍兴酒股份有限公司党委书记、公司首席酿酒师傅祖康先生，会稽山绍兴酒股份有限公司总经理杨刚先生对本书的出版工作给予高度重视并大力支持！还要感谢中国酒业协会理事长宋书玉先生，原浙江省文化厅厅长杨建新先生，原绍兴市酒文化研究会副会长何信恩先生等领导、专家为本书拨冗作序，使拙作增辉添色。本书的编撰参考了《浙江通志》《浙江省轻工志》《绍兴市志》《绍兴县志》《东浦镇志》等诸多文献史料，同时参考并引用了网络及其他一些相关文献和图文资料，恕不一一注明；公司档案室王彩华同志为资料的查询工作提供便利，在此一并致谢！

岁月陈香，沉淀的是文化，不变的是醇香。作为"会稽山"这棵百年老树上的一片枝叶，传承绍兴黄酒千年酿制技艺，弘扬中华国酒文化，讲好"会稽山"品牌故事，是我的职责和使命所在。历史把接力棒交到了我们这一代人的手上，唯有勤勉而为，责无旁贷。

最后，还要感谢我的家人承担了繁琐的家务，让我得以集中精力做好本书的编撰工作。对于"会稽山"这样一家有着280年历史的老字号，中间可以叙载的故事实在不可胜数，本书所述或许只是管中窥豹，难免挂一漏万。加之时间紧迫，水平所限，敬请业内方家和公司同仁不吝赐教！

杨国军

2023 年 6 月 25 日

后记